福建省中职学考核心课程系列教材

化学基础
学习指导

主　编：黄晓锋　温光永　刘燕顿

扫码获取数字资源

厦门大学出版社　国家一级出版社
XIAMEN UNIVERSITY PRESS　全国百佳图书出版单位

图书在版编目（CIP）数据

化学基础学习指导 / 黄晓锋，温光永，刘燕顿主编. 厦门：厦门大学出版社，2025.5. --（福建省中职学考核心课程系列教材）. -- ISBN 978-7-5615-9754-5

Ⅰ. G634.83

中国国家版本馆CIP数据核字第2025M7F962号

策划编辑	姚五民
责任编辑	姚五民　陈惠英
美术编辑	李夏凌
技术编辑	许克华

出版发行　厦门大学出版社

社　　址　厦门市软件园二期望海路39号
邮政编码　361008
总　　机　0592-2181111　0592-2181406（传真）
营销中心　0592-2184458　0592-2181365
网　　址　http://www.xmupress.com
邮　　箱　xmup@xmupress.com
印　　刷　厦门市竞成印刷有限公司

开本　787 mm×1 092 mm　1/16
印张　8.5
字数　202千字
版次　2025年5月第1版
印次　2025年5月第1次印刷
定价　39.00元

本书如有印装质量问题请直接寄承印厂调换

编委会名单

主　编：黄晓锋　温光永　刘燕頔
副主编：陈　铖　杨惠坚　吴惠民
参　编：何　金　林锦珠　秦志磊
　　　　王　玲　吴志鹏　叶晗祺

出版说明

教育是强国建设和民族复兴的根本，承担着国家未来发展的重要使命。基于此，自党的十八大以来，构建职普融通、产教融合的职业教育体系，已成为全面落实党的教育方针的关键举措。这一战略目标的实现，要求加快塑造素质优良、总量充裕、结构优化、分布合理的现代化人力资源，以解决人力资源供需不匹配这一结构性就业矛盾。与此同时，面对新一轮科技革命和产业变革的浪潮，必须科学研判人力资源发展趋势，统筹抓好教育、培训和就业，动态调整高等教育专业和资源结构布局，进一步推动职业教育发展，并健全终身职业技能培训制度。

根据中共中央办公厅、国务院办公厅《关于深化现代职业教育体系建设改革的意见》和福建省政府《关于印发福建省深化高等学校考试招生综合改革实施方案的通知》要求，福建省高职院校分类考试招生采取"文化素质＋职业技能"的评价方式，即以中等职业学校学业水平考试（以下简称"中职学考"）成绩和职业技能赋分的成绩作为学生毕业和升学的主要依据。

为进一步完善考试评价办法，提高人才选拔质量，完善职教高考制度，健全"文化素质＋职业技能"考试招生办法，向各类学生接受高等职业教育提供多样化入学方式，福建省教育考试院对高职院校分类考试招生（面向中职学校毕业生）实施办法作出调整：招考类别由原来的30类调整为12类；中职学考由全省统一组织考试，采取书面闭卷笔试方式，取消合格性和等级性考试；引进职业技能赋分方式，取消全省统一的职业技能测试。

福建省中职学考是根据国家中等职业教育教学标准，由省级教育行政部门组织实施的考试。考试成绩是中职学生毕业和升学的重要依据。根据福建省教育考试院发布的最新的中职学考考试说明，结合福建省中职学校教学现状，厦门大学出版社精心策划了"福建省中职学考核心课程系列教材"。该系列教材旨在帮助学生提升对基础知识的理解，提升运用知识分析问题、解决问题的能力，并在学习中提高自身的职业素养。

本系列教材由中等职业学校一线教师根据最新的《福建省中等职业学校学业水平考试说明》编写。内容设置紧扣考纲要求，贴近教学实际，符合考试复习规律。理论部分针对各知识点进行梳理和细化，使各知识点表述更加简洁、精练；模拟试卷严格按照考纲规定的内容比例、难易程度、分值比例编写，帮助考生更有针对性地备考。本系列教材适合作为中职、技工学校学生的中职学考复习指导用书。

目 录

第一章 原子结构与化学键 ··· 1
 第一节 原子结构 ··· 1
 第二节 元素周期律 ·· 3
 第三节 化学键 ·· 6
 第四节 化学实验基本操作 ·· 9

第二章 化学反应及其规律 ·· 12
 第一节 氧化还原反应 ·· 12
 第二节 化学反应速率 ·· 14
 第三节 化学平衡 ··· 16

第三章 溶液与水溶液中的离子反应 ··· 19
 第一节 溶液组成的表示方法 ··· 19
 第二节 弱电解质的电离平衡 ··· 30
 第三节 水的离子积和溶液的pH ·· 33
 第四节 离子反应和离子方程式 ·· 35
 第五节 盐类的水解 ·· 37
 第六节 学生实验：溶液的配制、稀释和pH的测定 ················ 39

第四章 常见无机物及其应用 ··· 42
 第一节 常见非金属单质及其化合物 ··································· 42
 第二节 常见金属单质及其化合物 ······································ 59

第五章 简单有机化合物及其应用 ·· 70
 第一节 有机化合物的特点与分类 ······································ 70
 第二节 烃 ··· 71
 第三节 烃的衍生物 ··· 73
 第四节 学生实验：重要有机化合物的性质 ·························· 78

第六章 常见生物分子及合成高分子化合物 ······························· 83
 第一节 糖类 ··· 83
 第二节 蛋白质 ·· 86
 第三节 合成高分子化合物 ·· 89
 第四节 学生实验：常见生物分子的性质 ····························· 92

模拟试卷一 ·· 95
模拟试卷二 ·· 99
模拟试卷三 ·· 102
参考答案 ··· 106

第一章 原子结构与化学键

第一节 原子结构

一、单项选择题

1. 下列有关原子或分子的说法,错误的是(　　)。
   A. 分子在不断运动
   B. 分子间没有间隙
   C. 原子可以相互结合形成分子
   D. 原子是化学变化中的最小粒子

2. 在我们的日常生活中出现了"加碘食盐""增铁酱油""高钙牛奶""富硒茶叶""含氟牙膏"等商品。这里的碘、铁、钙、硒、氟应理解为(　　)。
   A. 元素
   B. 单质
   C. 分子
   D. 氧化物

3. 下列关于同位素的说法,正确的是(　　)。
   A. 同位素是质子数相同而中子数不同的原子
   B. 同位素是质子数不同而中子数相同的原子
   C. 同位素是质子数和中子数都相同的原子
   D. 同位素是质子数和中子数都不同的原子

4. 俗语说"酒香不怕巷子深"。这句话主要体现了(　　)。
   A. 分子之间有间隔
   B. 分子是不断运动的
   C. 分子的质量很小
   D. 分子的体积很小

5. 下列关于原子核外电子排布的说法,错误的是(　　)。
   A. 电子总是优先排布在能量最低的电子层上
   B. 各电子层最多容纳的电子数为$2n^2$(n为电子层数)
   C. 最外层电子数可以超过8个
   D. 次外层电子数不超过18个(K层为次外层时不超过2个)

6. 下列关于原子的说法,正确的是(　　)。
   A. 原子是由原子核和核外电子组成的,其中原子核带正电,核外电子带负电,且正负电荷数量相等,所以原子不显电性
   B. 原子的质量主要集中在电子上,因为电子的数量远多于原子核中的质子和中子
   C. 原子核是由质子和中子组成的,其中质子带正电,中子带负电
   D. 原子是不可再分的最小粒子

7. 在下列元素中,原子核外电子排布最外层电子数最多的是(　　)。
   A. 氢(H)　　　　　B. 氧(O)　　　　　C. 钠(Na)　　　　　D. 铝(Al)
8. 下列关于原子核的说法,正确的是(　　)。
   A. 原子核由质子和电子组成
   B. 原子核带负电
   C. 原子核位于原子的中心,集中了原子的大部分质量
   D. 原子核的体积与整个原子的体积相当
9. 下列关于原子的叙述,正确的是(　　)。
   A. 原子是不可分割的最小粒子
   B. 原子的质量主要集中在电子上
   C. 原子核位于原子的中心,由质子和中子组成
   D. 电子在原子核外做高速的无规则运动,没有固定的轨道
10. 下列不是原子核的组成部分的是(　　)。
    A. 质子　　　　　B. 中子　　　　　C. 电子　　　　　D. 原子核中的空间

二、填空题

1. 原子是由位于中心的_____和核外绕核运动的_____构成的。其中,_____带正电,_____带负电,而整个原子不显电性。
2. 原子核是由_____和_____构成的。其中,_____不带电,而_____带正电。
3. 元素的种类是由原子中的_____数决定的,而原子的质量主要由原子核中的_____数和_____数共同决定的。
4. 在多电子原子中,电子的能量是_____的。离核越近,能量_____;离核越远,能量_____。
5. 原子核外电子排布时,总是优先排布在能量_____的电子层里,然后再排布到能量_____的电子层里。
6. 在原子中,核电荷数=_____数=_____数=原子序数。
7. 同位素是指质子数相同而_____数不同的原子,它们属于同一种_____。
8. 质子带_____电,电子带_____电,且质子数与电子数在电中性原子中相等,因此原子整体不显电性。
9. 电子层数决定了元素的_____,而最外层电子数则决定了元素的_____。
10. 电子在原子核外的分层排布遵循能量最低原理、_____原理和_____规则。

三、判断题

1. 原子是由原子核和核外电子构成的,原子核带正电,电子带负电。　　(　　)
2. 所有原子的原子核中都含有质子和中子。　　(　　)
3. 原子中质子数一定等于电子数,所以原子不显电性。　　(　　)
4. 原子核外电子是杂乱无章地运动的。　　(　　)
5. 同位素是指质子数相同而中子数不同的原子,它们属于同一种元素但具有不同的物理性质。　　(　　)

6. 原子是不可分割的最小粒子。　　　　　　　　　　　　　　　　　　（　　）
7. 原子核位于原子的中心,由质子和中子组成,其中质子带正电,中子不带电。（　　）
8. 所有原子的质子数和中子数都相同。　　　　　　　　　　　　　　　（　　）
9. 电子在原子核外是分层排布的,且每一层上电子的能量都相同。　　　（　　）
10. 原子序数等于原子的质子数,也等于原子的核电荷数。　　　　　　（　　）

四、简答题

1. 什么是原子的质量数？

2. 什么是原子的质子数？

3. 原子核外电子的排布遵循哪些规律？

4. 简述原子的基本构成及各部分的作用。

5. 请简述原子的基本结构,并解释为什么原子整体不显电性。

第二节　元素周期律

一、单项选择题

1. 下列关于元素周期律的叙述,正确的是(　　)。
   A. 随着原子序数的递增,元素原子的最外层电子数总是依次增多

B. 同周期元素从左到右,元素的金属性逐渐增强,非金属性逐渐减弱

C. 同主族元素从上到下,元素的金属性逐渐减弱,非金属性逐渐增强

D. 同周期主族元素的原子半径从左到右依次减小

2. 下列有关元素周期律的说法,正确的是(　　)。

　　A. 随着原子序数的递增,元素原子的最外层电子数总是依次增多

　　B. 元素的非金属性越强,其最高价氧化物对应水化物的酸性越强

　　C. 随着原子序数的递增,元素的金属性逐渐增强

　　D. 主族元素原子最外层电子数大于等于 4 的是非金属元素

3. 下列关于元素周期律和元素周期表的论述,正确的是(　　)。

　　A. 同一主族的元素,从上到下,随原子序数增加,金属性呈递减规律

　　B. 元素周期表是元素按原子量由小到大依次排列而成的

　　C. 同一周期中,从左到右,元素的最高正化合价依次增大

　　D. 同一周期的主族元素,从左到右,随原子序数增加,原子半径依次减小

4. 下列关于元素周期律的叙述,不正确的是(　　)。

　　A. 同一主族元素从上到下,元素的非金属性逐渐减弱

　　B. 元素的性质随着原子序数的递增而呈周期性变化

　　C. 随着原子序数的递增,元素原子的最外层电子数总是依次增多

　　D. 同周期元素从左到右,元素的金属性逐渐减弱,非金属性逐渐增强

5. 下列关于元素周期律的说法,错误的是(　　)。

　　A. 同周期元素从左到右非金属性逐渐增强

　　B. 主族元素原子最外层电子数等于元素的最高正化合价

　　C. 同主族元素从上到下原子半径逐渐增大

　　D. 金属元素的原子半径越大,其金属性越强

6. 在下列各组元素中,按原子半径依次增大、元素金属性依次增强的顺序排列的是(　　)。

　　A. Li、Na、K　　　　B. Na、Mg、Al　　　　C. N、O、F　　　　D. P、S、C

7. 已知 X、Y、Z、W 四种短周期元素,原子序数依次增大,且原子最外层电子数之和为 18。X 的单质在常温下为密度最小的气体,Y 原子最外层电子数是次外层电子数的 2 倍,Z 的核电荷数比 Y 多 2,W 的单质为淡黄色固体。下列说法正确的是(　　)。

　　A. 原子半径:W>Z>Y>X

　　B. 化合物 X_2W 与 W 单质互为同素异形体

　　C. 气态氢化物的稳定性:Y>W

　　D. Y 的最高价氧化物对应水化物的酸性比 Z 的弱

8. 下列关于元素周期表的说法,正确的是(　　)。

　　A. 元素周期表共有 16 列

　　B. ⅦA 族元素的非金属性自上而下依次减弱

　　C. 主族元素均呈现与其族数相同的最高化合价

　　D. 第二周期主族元素的原子半径自左向右依次增大

9. 下列关于元素周期律和元素周期表的论述,正确的是(　　)。
   A. 同一主族的元素从上到下,元素非金属性逐渐增强
   B. 同一周期从左到右的主族元素,原子半径逐渐增大
   C. ⅦA族中的第七种元素被称为"类卤素"
   D. 副族元素中没有非金属元素
10. 下列关于元素周期表的说法,错误的是(　　)。
   A. 元素周期表有7个横行,每个横行代表一个周期
   B. 元素周期表有18个纵行,每个纵行代表一个族
   C. 同一周期的主族元素从左到右,元素的非金属性逐渐增强
   D. 同一主族的元素从上到下,元素的金属性逐渐增强

二、填空题

1. 同一周期中,从左到右,随着原子序数的增加,元素的原子半径逐渐_____。
2. 同一周期中,从左到右,随着原子序数的增加,元素的电负性逐渐_____。
3. 同一周期中,从左到右,随着原子序数的增加,元素的金属性逐渐_____,非金属性逐渐_____。
4. 在元素周期表中,共有_____个周期,其中第_____是短周期,第四、五、六三个周期叫_____,第七周期叫_____周期。
5. Si元素位于元素周期表中第_____周期、第_____族。
6. 元素周期表是按照元素的_____进行排序的,每一行称为一个周期,每一列称为一个族。
7. 在元素周期表中,第一周期只有_____种元素,它们都是非金属元素。
8. 在元素周期表中,_____族包含了所有稀有气体元素。
9. 在元素周期表中,_____元素具有最强的金属性,_____元素具有最强的非金属性。
10. 在元素周期表中,_____族元素被称为碱金属元素(除氢外),_____族元素被称为碱土金属元素。

三、判断题

1. 同一周期的元素,随着原子序数的增加,元素的金属性逐渐增强。　　　　　　　　(　　)
2. 同一主族的元素,从上到下,元素的非金属性逐渐增强。　　　　　　　　　　　　(　　)
3. 元素的非金属性越强,其对应的气态氢化物的稳定性就越强。　　　　　　　　　　(　　)
4. 元素的金属性越强,其对应的最高价氧化物的水化物的碱性就越强。　　　　　　　(　　)
5. 同一周期的元素,从左到右,随着原子序数的增加,元素的原子半径逐渐增大。　　(　　)
6. 在元素周期表中,主族元素区域可以寻找到耐高温、耐腐蚀的合金材料。　　　　　(　　)
7. 同一周期的元素,随着原子序数的递增,元素原子的最外层电子数总是依次增多。
　　　　　　　　　　　　　　　　　　　　　　　　　　　　　　　　　　　　　(　　)
8. 同一主族的元素,其单质的熔沸点从上到下依次升高。　　　　　　　　　　　　　(　　)
9. 元素的金属性越强,其对应单质的还原性就越强;元素的非金属性越强,其对应单质的氧化性就越强。　　　　　　　　　　　　　　　　　　　　　　　　　　　　　(　　)

10. 元素周期律是描述元素性质随原子序数周期性变化的规律　　　　　　（　　）

四、简答题

1. 简述元素周期律的基本内容。

2. 同一周期的元素,从左到右,其原子半径如何变化？为什么？

3. 同一主族的元素,从上到下,其金属性和非金属性如何变化？为什么？

4. 为什么将 Li、Na、K 等元素编排在元素周期表的同一主族？氢元素为什么与碱金属元素同在第ⅠA族？

5. 如何比较元素的金属性和非金属性的强弱？

第三节　化学键

一、单项选择题

1. 下列物质中,既有离子键,又有共价键的是(　　)。
   A. $MgCl_2$　　　　　B. $NaOH$　　　　　C. NH_3　　　　　D. H_2O_2

2. 下列物质中,只有共价键的是(　　)。
   A. $NaOH$　　　　　B. $NaCl$　　　　　C. NH_4Cl　　　　　D. H_2O

3. 下列物质中,含有离子键的是(　　)。
   A. O_2　　　　　　B. KCl　　　　　　C. HCl　　　　　　D. CO_2
4. 下列化合物中,所有化学键都是共价键的是(　　)。
   A. Na_2O　　　　　B. NaOH　　　　　C. $BaCl_2$　　　　D. CH_4
5. 下列物质中,只含有离子键的是(　　)。
   A. NaOH　　　　　 B. NaCl　　　　　　C. HCl　　　　　　D. H_2O
6. 下列关于化学键的说法,正确的是(　　)。
   A. 离子化合物中一定含有离子键,也可能含有共价键
   B. 非金属元素之间形成的化合物一定是共价化合物
   C. 含有共价键的化合物一定是共价化合物
   D. 共价化合物中可能含有离子键
7. 下列关于化学键的叙述,正确的是(　　)。
   A. 离子键只存在于金属阳离子与阴离子之间
   B. 共价键只存在于非金属元素原子之间
   C. 由非金属元素原子形成的化合物一定不含离子键
   D. 不同元素原子之间的相互作用一定是化学键
8. 下列物质中,既含有离子键又含有共价键的是(　　)。
   A. $CaCl_2$　　　　　B. NaCl　　　　　　C. H_2O　　　　　D. NaOH
9. 下列关于离子键的说法,错误的是(　　)。
   A. 离子键只存在于离子化合物中
   B. 离子键是由阴、阳离子通过静电作用形成的
   C. 离子键的强弱与离子的电荷数和离子半径大小无关
   D. 活泼金属与活泼非金属之间通常易形成离子键

二、填空题

1. 化学键是原子或离子之间强烈的_____作用力,它决定了物质的_____性质和_____性质。
2. 共价键是原子之间通过_____电子对形成的化学键,它可以是单键、双键或三键,键的强度依次_____。
3. 离子键是由_____和_____之间通过静电作用形成的化学键,通常存在于金属元素和_____元素之间。
4. 氢键是一种特殊的分子间相互作用力,它通常存在于含有_____原子且与电负性较大的原子(如 F、O、N 等)形成共价键的分子之间。
5. 化学键的主要类型有_____、_____、_____。
6. 在共价化合物中,可能只存在极性共价键(如 H_2O),也可能存在极性共价键和非极性共价键(如 CH_4 中的 C—C 键为_____键,C—H 键为_____键)。
7. 离子化合物中除了含有离子键外,还可能含有_____键。例如,在 Na_2O_2 中,除了含有 Na^+ 与 O^{2-} 之间的离子键外,还存在 O 原子之间的_____键。

8. 在 NaCl、NaOH、NH_4Cl、H_2O、CO、Na_2O_2 中,只含有离子键的是_____,只含有共价键的是_____,既含有离子键又含有共价键的是_____。

9. 在 CH_4 中,C 原子与 H 原子之间通过_____键连接;而在 N_2 中,两个 N 原子之间通过_____键连接。

10. 金属晶体中的原子通过_____键相互连接,形成金属晶格。金属键没有方向性和饱和性,这是金属晶体具有许多特殊性质(如延展性、导电性等)的重要原因。

三、判断题

1. 离子键只存在于金属元素和非金属元素之间。 ( )
2. 共价键只存在于非金属元素之间。 ( )
3. 具有离子键的化合物一定是离子化合物。 ( )
4. 具有共价键的化合物一定是共价化合物。 ( )
5. 非极性分子中的化学键一定是非极性键。 ( )
6. 共价键的强弱与原子半径和电负性有关。 ( )
7. 所有离子化合物中都只含有离子键,不含共价键。 ( )
8. 共价化合物中一定只含有共价键,不可能含有离子键。 ( )
9. 离子键只存在于离子化合物中,共价键只存在于共价化合物中。 ( )
10. 含有金属元素的化合物一定是离子化合物。 ( )

四、简答题

1. 什么是化学键？它有哪些主要类型？

2. 共价键有哪些类型？它们各自的特点是什么？

3. 请列举三种以上的离子化合物。

4. 解释离子键的形成过程,并举例说明。

5. 氢键对化合物的性质有何影响?

第四节 化学实验基本操作

一、单项选择题

1. 下列实验操作,正确的是(　　)。
   A. 用向下排空气法收集氨气
   B. 稀释浓硫酸时,将水沿器壁慢慢注入酸中
   C. 用排水法收集氨气
   D. 往燃着的酒精灯中添加酒精

2. 下列不属于易燃易爆化学品的是(　　)。
   A. 一氧化碳　　　B. 甲烷　　　C. 氮气　　　D. 氢气

3. 在实验室中,对下列事故或药品的处理,正确的是(　　)。
   A. 有大量的氯气泄漏时,用氢氧化钠溶液浸湿软布蒙住口鼻,并迅速离开现场
   B. 金属钠着火燃烧时,用水灭火
   C. 少量浓硫酸沾在皮肤上,立即用石灰水冲洗
   D. 燃着的酒精灯倾倒失火时,用湿抹布盖灭

4. 在实验室中,下列事故处理或实验操作,正确的是(　　)。
   A. 有大量的氯气泄漏时,用烧碱溶液浸湿软布蒙面,并迅速离开现场
   B. 金属钠着火燃烧时,用泡沫灭火器灭火
   C. 少量浓硫酸沾在皮肤上,立即用氢氧化钠溶液冲洗
   D. 过滤时,玻璃棒与三层滤纸的一边接触

5. 下列关于实验问题处理方法或操作,不正确的是(　　)。
   A. 实验结束后将所有的废液倒入下水道排出实验室,以免污染实验室
   B. 在实验室,不能品尝药品
   C. 熄灭实验桌上燃着的酒精,简便合理的方法就是用湿抹布盖灭
   D. 配制稀硫酸时,先在烧杯中加一定体积的水,再边搅拌边沿杯壁加入浓硫酸

6. 加热试管中的液体时,以下操作正确的是(　　)。
   A. 试管口对着自己或他人
   B. 试管底部接触灯芯加热
   C. 液体体积不超过试管容积的 1/3
   D. 加热后的试管立即用冷水冲洗
7. 在下列仪器中,不能直接用于加热的是(　　)。
   A. 试管　　　　B. 烧杯　　　　C. 蒸发皿　　　　D. 量筒
8. 在进行过滤操作时,下列操作错误的是(　　)。
   A. 滤纸应紧贴漏斗内壁,无气泡
   B. 漏斗下端管口应紧靠烧杯内壁
   C. 玻璃棒应靠在三层滤纸处,引流
   D. 可以用玻璃棒在漏斗中搅拌以加快过滤速度
9. 使用托盘天平称量固体药品时,药品应放在(　　)。
   A. 左盘　　　　　　　　　　　　B. 右盘
   C. 左右盘均可　　　　　　　　　D. 任意位置
10. 下列关于酒精灯的使用,说法不正确的是(　　)。
    A. 酒精灯的外焰温度最高,应使用外焰加热
    B. 禁止向燃着的酒精灯里添加酒精
    C. 熄灭酒精灯时,可以用嘴吹灭
    D. 使用酒精灯时,应注意防火安全

二、填空题

1. 在进行化学实验时,为了保障安全,必须佩戴的防护用品有_____、_____等。
2. 在加热试管中的固体时,试管口应_____放置,以防止冷凝水回流引起试管炸裂。
3. 在使用量筒量取液体时,量筒必须放平,视线应与量筒内液体的_____保持水平。
4. 过滤操作中的"一贴"指的是滤纸应_____漏斗内壁。
5. 在进行化学实验时,若不慎将浓硫酸溅到皮肤上,应立即用大量的_____冲洗,并涂上 3%～5% 的_____溶液。
6. 在进行称量操作时,如果物体和砝码放反了(且使用了游码),则物体的实际质量应等于_____。
7. 在进行容量瓶的使用时,应注意容量瓶上标有_____、_____和_____三个特征标识。

三、判断题

1. 在实验室中,可以直接用手拿取金属钠。　　　　　　　　　　　　　　(　　)
2. 在加热试管中的液体时,试管口可以对着自己或他人。　　　　　　　　(　　)
3. 量筒可以用来加热液体。　　　　　　　　　　　　　　　　　　　　　(　　)
4. 在使用胶头滴管向试管中滴加液体时,胶头滴管可以伸入试管内。　　　(　　)
5. 在用托盘天平称量药品时,可以直接用手拿取砝码。　　　　　　　　　(　　)

6. 在稀释浓硫酸时,千万不能把浓硫酸倒入水中,一定要把水沿着器壁慢慢注入浓硫酸中,并不断搅拌。（　　）
7. 在使用胶头滴管取用液体试剂后,不可以直接将滴管放回原试剂瓶中。（　　）
8. 在进行过滤操作时,可以用玻璃棒搅拌漏斗中的液体以加快过滤速度。（　　）
9. 在向试管中滴加液体试剂时,胶头滴管可以接触试管内壁。（　　）
10. 在配制溶液时,可以直接用量筒量取浓溶液进行稀释。（　　）

四、简答题

1. 请简述加热试管中液体的正确操作方法。

2. 简述在进行过滤操作时,需要注意哪些事项?

3. 简述在实验结束后,如何正确处理实验废弃物?

第二章 化学反应及其规律

第一节 氧化还原反应

一、单项选择题

1. 下列反应是氧化还原反应的是( )。
   A. $CaO+H_2O=Ca(OH)_2$
   B. $2NaHCO_3 \xrightarrow{\triangle} Na_2CO_3+CO_2\uparrow+H_2O$
   C. $2Na+H_2O=2NaOH+H_2\uparrow$
   D. $CaCO_3+2HCl=CaCl_2+CO_2\uparrow+H_2O$

2. 在下列各反应中,水只做氧化剂的是( )。
   A. $C+H_2O(g) \xrightarrow{高温} CO+H_2$
   B. $2H_2O \xrightarrow{通电} 2H_2\uparrow+O_2\uparrow$
   C. $Na_2O+H_2O=2NaOH$
   D. $CuO+H_2 \xrightarrow{\triangle} Cu+H_2O$

3. 下列粒子中,既具有氧化性,又具有还原性的是( )。
   A. HCl   B. Fe^{2+} C. Zn^{2+} D. Mg

4. 下列关于氧化还原反应的说法,正确的是( )。
   A. 一种元素被氧化,另一种元素肯定被还原
   B. 某元素从化合态变成游离态,该元素一定被还原
   C. 在反应中不一定所有元素的化合价都发生变化
   D. 在氧化还原反应中非金属单质一定是被还原

5. 随着人们生活节奏的加快,方便的小包装食品已被广泛接受。为了延长食品的保质期,防止富脂食品氧化变质,常在包装袋中放入硫酸亚铁,原因是硫酸亚铁具有( )。
   A. 吸水性   B. 氧化性   C. 还原性   D. 挥发性

6. 下列应用不涉及氧化还原反应的是( )。
   A. 铝热法冶炼难熔金属
   B. $FeCl_3$ 溶液可用于铜质印刷线路板制作
   C. Na_2O_2 用作呼吸面具的供氧剂
   D. 验室用 NH_4Cl 和 $Ca(OH)_2$ 制备 NH_3

7. 在下列反应中,氧化剂与还原剂是同一种物质的是(　　)。
   A. $Zn+CuSO_4 \!=\!\!=\!\! ZnSO_4+Cu$
   B. $Cl_2+H_2O \!=\!\!=\!\! HCl+HClO$
   C. $H_2+CuO \xrightarrow{\triangle} Cu+H_2O$
   D. $Fe_2O_3+3CO \xrightarrow{\text{高温}} 2Fe+3CO_2$

8. 下列关于氧化还原反应的说法,错误的是(　　)。
   A. 氧化剂具有氧化性,在反应中得到电子
   B. 还原剂具有还原性,在反应中失去电子
   C. 氧化剂在反应中被氧化,还原剂在反应中被还原
   D. 氧化还原反应的本质是电子的转移

9. 在下列反应中,水作为还原剂的是(　　)。
   A. $2Na+2H_2O \!=\!\!=\!\! 2NaOH+H_2\uparrow$
   B. $2F_2+2H_2O \!=\!\!=\!\! 4HF+O_2$
   C. $CaO+H_2O \!=\!\!=\!\! Ca(OH)_2$
   D. $CO_2+H_2O \!=\!\!=\!\! H_2CO_3$

10. 下列关于氧化还原反应中电子转移的说法,正确的是(　　)。
    A. 氧化还原反应中不一定存在电子的转移
    B. 氧化还原反应中电子只能由化合价高的元素向化合价低的元素转移
    C. 氧化还原反应中电子可以由化合价低的元素向化合价高的元素转移
    D. 氧化还原反应中电子的转移数目一定等于元素的化合价升降数目

11. 下列物质在反应中只做还原剂的是(　　)。
    A. Cl_2 在 $Cl_2+H_2O \!=\!\!=\!\! HCl+HClO$ 中
    B. H_2SO_4 在 $CuO+H_2SO_4 \!=\!\!=\!\! CuSO_4+H_2O$ 中
    C. Fe 在 $Fe+2HCl \!=\!\!=\!\! FeCl_2+H_2\uparrow$ 中
    D. CO_2 在 $CO_2+C \xrightarrow{\text{高温}} 2CO$ 中

12. 下列关于氧化还原反应的说法,正确的是(　　)。
    A. 氧化还原反应的本质是元素化合价的升降
    B. 氧化还原反应中一定存在电子的得失或偏移
    C. 氧化还原反应中,氧化剂得到的电子数不一定等于还原剂失去的电子数
    D. 氧化还原反应中,氧化剂被氧化,还原剂被还原

二、填空题

1. 在反应 $Fe_2O_3+2Al \xrightarrow{\text{高温}} 2Fe+Al_2O_3$ 中,_____(填符号)元素的化合价升高,_____(填化学式)是氧化剂。

2. $10Al+6NaNO_3+4NaOH \!=\!\!=\!\! 10NaAlO_2+3N_2\uparrow+2H_2O$,上述反应中,_____(填符号)元素的化合价降低,则该元素的原子_____(填"得到"或"失去")电子。

3. 铜与浓硫酸可发生反应:$Cu+2H_2SO_4(浓) \!=\!\!=\!\! CuSO_4+SO_2\uparrow+2H_2O$。反应中,作为氧化剂的物质是_____(填化学式),作为还原剂的物质是_____(填化学式)。

4. 铝热反应可用于铁的冶炼:$2Al+Fe_2O_3 \xrightarrow{\text{高温}} Al_2O_3+2Fe$。在该反应中,被还原的物质是_____,作为还原剂的物质是_____。

5. 在反应 $Cl_2+2NaOH \!=\!\!=\!\! NaCl+NaClO+H_2O$ 中,氯元素的化合价既_____又

_____,因此 Cl_2 既是_____剂又是_____剂。

6. 在反应 $4P+5O_2 \xrightarrow{\text{点燃}} 2P_2O_5$ 中，每消耗 1 mol 的 P，需要转移_____mol 的电子。

7. 在反应 $2KMnO_4+16HCl(浓)==2MnCl_2+2KCl+5Cl_2\uparrow+8H_2O$ 中，_____（填化学式）是氧化产物，_____（填化学式）是还原剂。

三、判断题

1. 在氧化还原反应中，氧化剂发生得电子的反应。（ ）
2. 氧化剂有氧化性，在氧化还原反应中发生氧化反应。（ ）
3. 还原剂在反应中，元素化合价升高，发生还原反应。（ ）
4. 在反应中失去电子的物质是氧化剂。（ ）
5. 在氧化还原反应中，元素化合价升高表示该元素被氧化。（ ）
6. 氧化剂在氧化还原反应中一定被还原，化合价降低。（ ）
7. 还原剂在氧化还原反应中一定被氧化，化合价升高。（ ）
8. 在氧化还原反应中，氧化产物一定具有氧化性，还原产物一定具有还原性。（ ）

第二节　化学反应速率

一、单项选择题

1. 当浓度的单位用 mol/L、时间的单位用 s 表示时，反应速率的单位是(　　)。
   A. mol/(L·h)　　　　　　　　B. (mol·s)/L
   C. mol/(L·min)　　　　　　　D. mol/(L·s)

2. 下列措施不能明显改变化学反应的速率的是(　　)。
   A. H_2 和 N_2 反应时升高温度
   B. H_2O_2 分解时加入 MnO_2 粉末
   C. 煤燃烧时，将煤进行粉碎
   D. 硫酸和氢氧化钠溶液中和时，增大压强

3. 下列关于催化剂的说法，正确的是(　　)。
   A. 催化剂能使不起反应的物质发生反应
   B. 催化剂在化学反应前后，化学性质和质量都不变
   C. 使用催化剂可以提高反应的转化率
   D. 任何化学反应都需要催化剂

4. 下列因素不会直接影响化学反应速率的是(　　)。
   A. 反应物浓度　　　　　　　　B. 反应温度
   C. 催化剂的加入　　　　　　　D. 反应物的颜色

5. 下列关于温度对化学反应速率影响的说法，正确的是(　　)。
   A. 升高温度，反应速率一定加快
   B. 降低温度，反应速率可能加快

C. 温度对反应速率的影响与反应物性质无关

D. 在任何温度下，反应速率都是恒定的

6. 在反应 A(g)+B(g)——→C(g)中,如果保持温度和压强不变,增加 A 的浓度,则 B 的转化率会(　　)。

　A. 减小　　　　　　　　　　　　B. 不变

　C. 增大　　　　　　　　　　　　D. 无法确定,取决于反应的具体条件

7. 在反应 $N_2+3H_2 \underset{高温高压}{\overset{催化剂}{\rightleftharpoons}} 2NH_3$ 中,如果增大 N_2 的浓度,则反应速率会(　　)。

　A. 减小　　　B. 不变　　　C. 增大　　　D. 无法确定

8. 下列关于化学反应速率的说法,正确的是(　　)。

　A. 化学反应速率是指一定时间内反应物浓度的减少量或生成物浓度的增加量

　B. 化学反应速率为"0.8 mol/(L·s)"表示的意思是:时间为 1 秒时,某物质的浓度为 0.8 mol/L

　C. 对于任何化学反应来说,反应速率越快,反应现象就越明显

　D. 化学反应速率通常用反应物或生成物浓度的变化量(无单位)来表示

9. 下列措施能明显加快化学反应速率的是(　　)。

　A. 升高温度　　　　　　　　　　B. 降低温度

　C. 使用催化剂(负催化剂)　　　　D. 减小反应物浓度

10. 下列关于催化剂的说法,错误的是(　　)。

　A. 催化剂可以改变化学反应速率

　B. 催化剂在反应前后质量和化学性质不变

　C. 催化剂在反应中参与了反应

　D. 不同的反应可以选择不同的催化剂

二、填空题

1. 化学反应速率是用_____反应物浓度的_____或生成物浓度的_____来表示。浓度的单位用_____表示,时间的单位可以用_____、_____和_____表示,则化学反应速率的单位分别为_____、_____和_____。

2. 在反应 $CO+H_2O(g) \overset{高温}{=\!=\!=} CO_2+H_2$ 中,CO 和 $H_2O(g)$ 的起始浓度都是 0.02 mol/L, 1 min 后测得 CO 的浓度为 0.005 mol/L,则 $v(CO)$ 为_____,$v(H_2)$ 为_____。

3. 当其他条件不变时,增加反应物的浓度,可使反应速率_____;对于有气体参加的化学反应,增大压强,气体的体积_____,单位体积内气体的分子数_____,即气体的浓度_____,所以反应速率_____。参加反应的物质是固体、液体或溶液时,压强的改变_____反应速率。

4. 当其他条件不变时,升高温度,化学反应速率_____,温度每升高 10 ℃,反应速率通常增大到原来的_____倍。

5. 催化剂能够降低化学反应的_____(填"活化能"或"反应热"),从而加速反应进程。但是,催化剂本身在反应前后_____(填"发生"或"不发生")化学变化。能_____化学

反应速率的催化剂叫正催化剂。能减慢反应速率的催化剂叫_____催化剂。

6. 当反应物浓度、温度、压强等外部条件保持不变时,反应速率将_____(填"保持不变"或"随时间变化")。

7. 在反应 2A+B⟶3C 中,如果 $v(A)=0.5$ mol/(L·s),则 $v(C)$ 为_____ mol/(L·s)。

8. 在化学反应 A+2B⟶C 中,若 $v(A)=0.3$ mol/(L·min),则 $v(B)$ 为_____ mol/(L·min)。

9. 对于反应 $2NO+O_2\longrightarrow 2NO_2$,在恒温恒压下,若 NO 的初始浓度为 1 mol/L,2 s 后浓度降为 0.5 mol/L,则此段时间内的平均反应速率为 $v(NO_2)=$_____ mol/(L·s)。

10. 在一定温度下,反应 $N_2+3H_2 \xrightleftharpoons[高温高压]{催化剂} 2NH_3$ 达到平衡时,测得 NH_3 的浓度为 a mol/L。若保持温度不变,将容器的体积缩小为原来的一半,重新达到平衡时,测得 NH_3 的浓度为 b mol/L,则 a 与 b 的关系为 a _____(填">""<"或"=")b。

三、判断题

1. 在一定条件下,一个化学反应的反应速率可以有几种不同的表示方法。( )
2. 催化剂有选择性,不同的反应需要用不同的催化剂。( )
3. 在任何温度下,催化剂都能大大加快化学反应速率。( )
4. 化学反应速率只与反应物的浓度有关,与其他因素无关。( )
5. 升高温度可以加快反应速率,因为高温下分子运动更快,碰撞频率更高。( )
6. 催化剂只能加速化学反应,不能用于减慢反应速率。( )
7. 对于固体反应物,增加其表面积通常不会改变反应速率。( )
8. 对于同一化学反应,用不同物质表示的反应速率,其数值和意义都相同。( )

第三节 化学平衡

一、单项选择题

1. 合成氨工业上 CO 的变换反应是 $CO+H_2O(g) \xrightleftharpoons{高温} CO_2+H_2$,为提高 CO 的转化率,应( )。

   A. 加入过量的 CO   B. 加入过量的水蒸气
   C. 减少水蒸气的量   D. 增大压强

2. 在一定温度下,某可逆反应在密闭容器中进行,先后四次测定某生成物的浓度分别为 0.00023 mol/L、0.0102 mol/L、0.0168 mol/L、0.0168 mol/L,测定时反应已达平衡的是( )。

   A. 第一次   B. 第二次   C. 第三次   D. 第四次

3. 对于可逆反应 M+N⇌Q 达到平衡时,下列说法正确的是( )。

   A. M、N、Q 三种物质的浓度一定相等   B. M 与 N 全部变成了 Q
   C. 反应混合物各成分的百分组成不再变化   D. 反应已经停止

4. 对已达化学平衡的反应 2X(g)＋Y(g)⇌2Z(g)，减小压强时，对反应产生的影响是（   ）。

   A. 逆反应速率增大，正反应速率减小，平衡向逆反应方向移动
   B. 逆反应速率减小，正反应速率增大，平衡向正反应方向移动
   C. 正、逆反应速率都减小，平衡向逆反应方向移动
   D. 正、逆反应速率都增大，平衡向正反应方向移动

5. 合成氨反应 $N_2(g)+3H_2(g)\underset{\text{高温高压}}{\overset{\text{催化剂}}{\rightleftharpoons}}2NH_3(g)$ 在密闭容器中进行，下列说法正确的是（   ）。

   A. 达到化学平衡时，正、逆反应速率都为 0
   B. 使用催化剂可增大反应速率，提高合成氨的产量
   C. 通入过量的氮气，以提高氢气的转化率
   D. 其他条件不变，升高温度可增大反应速率，又能提高氨的产量

6. 下列关于化学平衡的说法，错误的是（   ）。

   A. 化学平衡是一个动态平衡
   B. 化学平衡时，正反应速率和逆反应速率相等
   C. 化学平衡时，反应物和生成物的浓度保持不变
   D. 化学平衡时，反应物和生成物的浓度一定相等

7. 对于反应 $2SO_2(g)+O_2(g)\rightleftharpoons 2SO_3(g)$（正反应为放热反应），下列措施不能使平衡向正反应方向移动的是（   ）。

   A. 增大 SO_2 的浓度   B. 降低 SO_3 的浓度
   C. 升高温度   D. 增大压强

8. 在一定温度下，反应 $N_2(g)+3H_2(g)\underset{\text{高温高压}}{\overset{\text{催化剂}}{\rightleftharpoons}}2NH_3(g)$ 达到平衡的标志是（   ）。

   A. N_2、H_2、NH_3 的浓度相等
   B. N_2、H_2、NH_3 的浓度不再变化
   C. 正反应速率和逆反应速率都为零
   D. 单位时间内消耗 0.1 mol N_2，同时生成 0.2 mol NH_3

9. 下列关于催化剂对化学平衡影响的说法，正确的是（   ）。

   A. 催化剂能使平衡向正反应方向移动   B. 催化剂能使平衡向逆反应方向移动
   C. 催化剂不能改变平衡时各物质的浓度 D. 催化剂能改变反应的平衡常数

二、填空题

1. 在一定条件下处于化学平衡状态的可逆反应，其正反应速率和逆反应速率_____，反应物和生成物的浓度都不随_____，实际上正、逆反应_____进行，化学平衡是一种_____平衡。

2. 在可逆反应 $2SO_2(g)+O_2(g)\overset{\text{催化剂}}{\rightleftharpoons}2SO_3(g)$（正反应为放热反应，即 $\Delta H<0$）中，增加 SO_2 的浓度，平衡向_____方向移动；增加 O_2 的浓度，平衡向_____方向移动；同时

增加 SO_2 和 O_2 的浓度,平衡向_____方向移动。为了提高 SO_2 的转化率,应多鼓入_____。增大 SO_3 的浓度,平衡向_____方向移动;增大压强,平衡向_____方向移动;减小压强,SO_2 的转化率_____。升高温度,平衡向_____方向移动;降低温度,有利于_____的生成。

3. 下列可逆反应达到平衡后,如果增大压强或升高温度,平衡向哪个方向移动?

①$N_2 + 3H_2 \xrightleftharpoons[\text{高温高压}]{\text{催化剂}} 2NH_3$(正反应为放热反应,即 $\Delta H < 0$)

②$CO_2 + C(s) \xrightleftharpoons{\text{高温}} 2CO$(正反应为吸热反应,即 $\Delta H > 0$)

(1)增大压强:①向_____方向移动,②向_____方向移动。

(2)升高温度:①向_____方向移动,②向_____方向移动。

4. 在化学平衡中,若反应前后气体分子数发生变化,则增大压强会使平衡向气体分子数_____的方向移动;若反应为放热反应,则升高温度会使平衡向_____反应方向移动。

5. 对于反应 $A(g) + B(g) \rightleftharpoons C(g) + D(s)$,增加 A 的浓度,平衡会向_____方向移动;若该反应在恒容条件下进行,且 A、B、C 均为气体,则充入稀有气体使压强增大,平衡_____移动。

6. 在一定温度下,反应 $aA + bB \rightleftharpoons cC + dD$ 达到平衡后,若增加 A 的量,平衡向_____方向移动;若 A、B、C、D 均为气体,且 $a+b=c+d$,则增大压强,平衡_____移动。

三、判断题

1. 在一定条件下,任何可逆反应达到平衡时,平衡浓度一定是该条件下反应物转化为生成物的最高浓度。 (   )

2. 在反应 $N_2 + 3H_2 \xrightleftharpoons[\text{高温高压}]{\text{催化剂}} 2NH_3$ 中,用 2 mol N_2 和 6 mol H_2 完全反应,能生成 4 mol NH_3。 (   )

3. 在一定温度下,可逆反应 $FeCl_3 + 3KSCN \rightleftharpoons Fe(SCN)_3 + 3KCl$ 达到平衡,因为反应物和生成物的物质的量相等,所以增大或减小压强,不能使平衡发生移动。 (   )

4. 工业上往往采取加入过量的廉价原料的方法来提高贵重原料的转化率。 (   )

5. 在可逆反应 $CO + H_2O(g) \xrightleftharpoons{\text{高温}} CO_2 + H_2$ 中,若 CO_2 的浓度增加,则 H_2 的浓度也增加。 (   )

6. 处于平衡状态的可逆反应,若其他条件不变,只要使用催化剂,平衡就会向右移动,生成物的含量就会增多。 (   )

7. 增大压强对溶液中的酸碱中和反应没有什么影响。 (   )

8. 在一定条件下,可逆反应达到平衡时,反应物和生成物的浓度保持不变,但并不意味着反应停止。 (   )

9. 在一定温度下,可逆反应达到平衡后,若改变影响平衡的一个条件(如浓度、压强或温度等),平衡就会向能够减弱这种改变的方向移动,这就是勒夏特列原理。 (   )

10. 在可逆反应中,使用催化剂可以同等程度地改变正反应和逆反应的速率,因此不能改变反应的平衡状态。 (   )

第三章 溶液与水溶液中的离子反应

第一节 溶液组成的表示方法

(一)物质的量

一、单项选择题

1. 物质的量是指(　　)。
   A. 物质所含粒子的数目　　　　　　　　B. 物质的质量和物质所含粒子数目
   C. 物质的质量　　　　　　　　　　　　D. 物质所含粒子数目的物理量的名称

2. 下列说法错误的是(　　)。
   A. 1 mol O　　　　　　　　　　　　　　B. 1 mol H_2
   C. 1 mol 二氧化碳　　　　　　　　　　D. 1 mol 氢

3. 物质的量的单位是(　　)。
   A. g　　　　　　B. L/mol　　　　　　C. mol　　　　　　D. g/mol

4. 不能用"物质的量"作为物理量对象的是(　　)。
   A. 原子　　　　　B. 订书针　　　　　C. 分子　　　　　D. 原子团

5. 下列叙述正确的是(　　)。
   A. 摩尔既是物质的数量单位,又是物质的质量单位
   B. 物质的量是国际单位制中七个基本单位之一
   C. 阿伏加德罗常数是 12 kg ^{12}C 中含有的碳原子数目
   D. 1 mol H_2O 中含有 2 mol H 和 1 mol O

6. 下列对于"摩尔"的理解,正确的是(　　)。
   A. 摩尔是国际科学界建议采用的一种物理量
   B. 摩尔是物质的量的单位,简称摩,符号为 mol
   C. 1 mol H_2 的中氢原子个数为 2
   D. 1 mol 氧含 $6.02×10^{23}$ 个 O_2

7. $1.204×10^{23}$ 个铁原子的物质的量是(　　)。
   A. 0.2 mol　　　　B. 0.2　　　　　　C. 2 mol　　　　　D. 2

8. 在 0.1 mol $Al(OH)_3$ 中,氢氧根离子的物质的量是(　　)。
   A. 0.1 mol　　　　B. 0.3 mol　　　　C. 1 mol　　　　　D. 3 mol

9. 0.2 mol H_2 在足量的 O_2 中完全燃烧,生成的 H_2O 的物质的量是(　　)。
   A. 0.1 mol　　　　　　　　　　　B. 0.2 mol
   C. 1 mol　　　　　　　　　　　　D. 2 mol

10. 下列关于阿伏加德罗常数的说法,正确的是(　　)。
    A. 阿伏加德罗常数是 12 g 碳中所含的碳原子数
    B. 阿伏加德罗常数是 0.012 g ^{12}C 中所含的碳原子数
    C. 阿伏加德罗常数的符号为 N_A,近似为 $6.02×10^{23}$
    D. 阿伏加德罗常数是 $6.02×10^{23}$

二、填空题

1. 物质的量是_____。
2. 物质的量用符号_____表示,其单位名称为_____,简称_____,符号为_____。
3. 国际单位制(SI)规定:1 mol 任何物质所含粒子的数目和_____所含粒子数目相等。0.012 kg ^{12}C 含有_____个 ^{12}C 原子,这个数值称为_____,符号为_____,单位为_____。
4. 微观粒子可以是_____、_____、_____等。
5. 物质的量(n)、阿伏伽德罗常数(N_A)与粒子数目(N)之间存在的关系式为:_____。
6. 0.5 mol CO_2 含有_____个 CO_2 分子。
7. 0.5 mol H_2 含有的 H_2 分子数是_____N_A。
8. 1 mol O_2 含有_____mol O 原子,含有_____个 O 原子。
9. 0.2 mol H_2SO_4 含有_____mol H 原子,含有_____个 H 原子。
10. $1.204×10^{24}$ 个氧分子是_____摩尔。

三、判断题

1. 摩尔是物质的量的单位,简称摩,符号为 mol。　　　　　　　　　　　　　　(　　)
2. 物质的量是表示物质所含组成的微观粒子数目多少的物理量。　　　　　　(　　)
3. 1 mol O_2 和 1 mol H_2O 所含的分子数不相同。　　　　　　　　　　　　(　　)
4. 微观粒子只能是原子、分子、离子等客观存在的粒子。　　　　　　　　　　(　　)
5. 阿伏加德罗常数值 $N_A=6.02×10^{23}$。　　　　　　　　　　　　　　　　　(　　)
6. 1 mol 水含有 2 mol H 和 1 mol O。　　　　　　　　　　　　　　　　　　(　　)
7. 物质的量是表示物质的质量或数量的物理量。　　　　　　　　　　　　　　(　　)
8. 1 mol 氯分子含有 $6.02×10^{23}$ 个氯气分子。　　　　　　　　　　　　　　(　　)
9. 1 mol H_2O 与 1 mol HCl 含的氢原子的个数比为 2∶1。　　　　　　　　(　　)
10. 1 mol 铁完全反应可以得到 1 mol 氢气。　　　　　　　　　　　　　　　(　　)

(二)摩尔质量

一、单项选择题

1. 摩尔质量的单位是(　　)。
   A. g/mol　　　　B. g·mol　　　　C. mol·g^{-1}　　　　D. mol/g

2. 下列物质中,质量最大的是( )。
   A. 0.1 mol H_2SO_3
   B. 0.2 mol SO_2
   C. 0.3 mol CO
   D. 0.4 mol O_2

3. 下列叙述正确的是( )。
   A. 摩尔质量就是分子量,单位是 g
   B. CO_2 的摩尔质量是 44 g
   C. 1 mol SO_2 的质量是 64 g
   D. 摩尔质量是物质式量的 6.02×10^{23} 倍

4. 下列物质中,物质的量最大的是( )。
   A. 0.1 mol Na_2CO_3
   B. 3.01×10^{23} 个氢分子
   C. 96 g 硫酸根离子
   D. 112 g 铁单质

5. 36 g 下列物质,物质的量最大的是( )。
   A. H_2O
   B. SO_2
   C. CO
   D. HCl

6. 22 g 二氧化碳的物质的量是( )。
   A. 0.5
   B. 0.5 mol
   C. 4.4
   D. 44 mol

7. 1.204×10^{24} 个 HCl 分子的质量是( )。
   A. 2
   B. 2 g
   C. 73
   D. 73 g

8. 2 g 氢气所含分子的数量是( )。
   A. 2 个
   B. 4 个
   C. 6.02×10^{23} 个
   D. 1.204×10^{24} 个

9. OH^- 的摩尔质量是( )。
   A. 16 g·mol
   B. 16 mol·g^{-1}
   C. 17 g/mol
   D. 17 mol/g

10. 16 g A 的物质的量是 0.5 mol,则 A 的摩尔质量是( )。
    A. 8 g/mol
    B. 8 g·mol
    C. 32 mol/g
    D. 32 g/mol

二、填空题

1. 1 mol 任何粒子或物质的质量以_____(填名称)为单位时,在数值上都与该粒子的_____相等。我们将单位物质的量的物质所具有的质量,称为该物质的_____。

2. 摩尔质量的符号为_____,常用的单位名称为_____,单位符号为_____。

3. 任何物质的摩尔质量是以_____(填符号)为单位,在数值上等于该粒子的:_____。

4. 物质的量(n)、质量(m)和摩尔质量(M)之间存在着下述关系_____。

5. 0.2 mol 硫酸的质量为_____。

6. $M(SO_4^{2-})=$_____。

7. 8 g 氢氧化钠的物质的量为_____ mol。

8. 碳酸钠的摩尔质量为_____。

9. 4 g A 的物质的量为 0.1 mol,A 的摩尔质量为_____。

三、判断题

1. 硫酸的摩尔质量等于它的分子量。( )
2. 32 g 氧气相当于 1 mol 氧气。( )
3. HCl 的摩尔质量为 36.5 mol。( )
4. 任何物质的摩尔质量以 g/mol 为单位,数值与该物质的相对分子质量相同。( )
5. 物质的摩尔质量等于物质的相对分子(原子)质量。( )
6. 1 mol 氢气的质量为 2 g/mol。( )
7. Na^+ 的摩尔质量为 23 g/mol。( )
8. 分子数相同的 O_2 和 O_3 具有相同的质量。( )
9. 1 mol CO 与 1 mol H_2SO_4 具有相同数目的分子。( )
10. 1 mol H_2O 与 1 mol HCl 含的氢原子的质量比为 2∶1。( )
11. 1 mol 物质的质量叫作摩尔质量,其符号是 M。( )
12. 不同物质的摩尔质量并不相同。( )

四、计算题

1. 求 64 g 氧气的物质的量。

2. 求 4.4 g CO_2 所含的分子数。

3. 0.2 mol 某物质的质量是 7.3 g,求该物质的摩尔质量。

4. 求 $6.02×10^{22}$ 个氧气分子的质量。

(三)气体摩尔体积

一、单项选择题

1. 在标准状况下,下列气体体积最大的是(　　)。
   A. 0.1 mol N_2　　　B. 14 g CO　　　C. 22.4 L CO_2　　　D. 36 g O_2

2. 同温同压下,相同质量的下列气体中,体积最小的是(　　)。
   A. H_2　　　B. CO　　　C. CO_2　　　D. SO_3

3. 在相同温度和压强下,相同物质的量的两种气体,(　　)。
   A. 质量相同　　　　　　　　　B. 体积相同
   C. 体积都为 22.4 L　　　　　　D. 原子数相同

4. 在标准状况下,0.1 mol CO 的体积是(　　)。
   A. 0.1 L　　　B. 0.3 mol　　　C. 2.24 L　　　D. 22.4 L

5. 在标准状况下,与 0.3 mol H_2 体积相同的是(　　)。
   A. 0.3 mol SO_2　　　　　　B. 0.3 mol H_2O
   C. 0.3 mol H_2SO_4　　　　D. 0.3 mol Na_2CO_3

6. 在标准状况下,14 g CO 的体积是(　　)。
   A. 14 L　　　B. 28 L　　　C. 11.2 L　　　D. 22.4 L

7. 在同温同压下,体积相同的(　　)具有相同的分子数。
   A. H_2 和 CO_2　　　　　　B. HCl 和 NaCl
   C. NaCl 和 H_2O　　　　　　D. NaOH 和 NaCl

8. 下列叙述正确的是(　　)。
   A. 体积相同的物质,所含的物质的量相同
   B. 相同温度和压强下,体积相同的物质,所含的物质的量相同
   C. 相同温度和压强下,体积相同的气体,所含的物质的量相同
   D. 标准状况下,体积相同的物质,所含的物质的量相同

二、填空题

1. 化学上将温度为 0 ℃、压强为 101.325 kPa 时的状况规定为_____,把单位物质的量(即 1 mol)气体所占的体积叫作_____,符号为_____,单位为_____。

2. 气体摩尔定律是指在相同的温度和压强下,相同体积的任何气体都含相同_____。

3. 气体的物质的量(n)、气体的体积(V)和气体的摩尔体积(V_m)之间存在着以下关系:_____。

4. 在标准状况下,气体的摩尔体积为_____。

5. 在标准状况下,0.3 mol CO_2 的体积为_____。

6. 在相同温度和压强下,物质的量相同的两种_____态物质体积相同。

7. 压强对_____态物质和_____态物质的体积影响很小。

8. 1 mol 不同的气态物质,在标准状况下,体积相同吗?已知下列气体在标准状况下,请试着填下表。

物质	物质的量/mol	质量/g	体积/L
O_2	1		
H_2	1		
CO_2	1		

三、判断题

1. 在标准状况时，1 mol 任何气体所占的体积都约为 22.4 L。（   ）
2. 在相同的温度和压强下，相同体积的气体都含相同数目的分子。（   ）
3. 22.4 L H_2 中一定含有 $6.02×10^{23}$ 个氢分子。（   ）
4. 在同温同压下，1 mol 任何气体的体积都为 22.4 L。（   ）
5. 在标准状况下，0.5 mol 氢气与 0.5 mol 氮气所含分子数相等。（   ）
6. 在标准状况下，1 mol H_2 和 1 mol He 体积都约为 22.4 L。（   ）
7. 11.2 L HCl 气体的物质的量为 0.5 mol。（   ）
8. 在标准状况下，32 g 氧气和 28 g CO 所占体积相等。（   ）
9. 在标准状况下，体积相同的气体含有相同的分子数。（   ）
10. 在标准状况下，任何气体的物质的量比等于体积比。（   ）

四、计算题

1. 在标准状况下，11.2 L O_2 的物质的量是多少？其质量是多少？

2. 在标准状况下，6 g 氢气的体积为多少？

（四）物质的量浓度

一、单项选择题

1. 配制 100 mL 1 mol/L NaOH 溶液，应称取 NaOH（摩尔质量 40 g/mol）（   ）。
   A. 0.4 g　　　　B. 1 g　　　　C. 4 g　　　　D. 10 g
2. 25 mL 0.5 mol/L 的氯化钠溶液加水稀释到 250 mL，所得 NaCl 溶液的物质的量浓度是（   ）。
   A. 0.05 mol/L　　B. 0.5 mol/L　　C. 5 mol/L　　D. 50 mol/L
3. 在 200 mL A 溶液中含有 0.2 mol A，则该溶液中 A 的物质的量浓度是（   ）。
   A. 0.1 mol/L　　B. 0.2 mol/L　　C. 1 mol/L　　D. 2 mol/L

4. 1 mol/L 的 NaCl 溶液的含义是（　　）。
   A. 溶液中含 1 mol NaCl
   B. 1 mol NaCl 溶于 1 L 水中
   C. 88.5 g NaCl 溶于 941.5 g 水中
   D. 1 L 溶液中含有 NaCl 58.5 g

5. 下列溶液中的 $c(Cl^-)$ 与 150 mL 1 mol/L $MgCl_2$ 溶液中的 $c(Cl^-)$ 相等的是（　　）。
   A. 150 mL 1 mol/L NaCl 溶液
   B. 150 mL 1 mol/L $CaCl_2$ 溶液
   C. 75 mL 2 mol/L KCl 溶液
   D. 75 mL 1 mol/L $AlCl_3$ 溶液

6. 关于溶液稀释的叙述，错误的是（　　）。
   A. 稀释前后溶质的质量不变
   B. 稀释前后溶质的物质的量不变
   C. 稀释后溶质的物质的量浓度减小
   D. 稀释前后溶质的质量分数不变

7. 500 mL 1 mol/L HCl 中含 H^+ 的物质的量是（　　）。
   A. 0.5 mol　　　B. 0.5 mol/L　　　C. 1 mol　　　D. 1 mol/L

8. 100 mL 1 mol/L H_2SO_4 中含 H^+ 的物质的量是（　　）。
   A. 0.1 mol　　　B. 0.1 mol/L　　　C. 0.2 mol　　　D. 0.2 mol/L

9. 在标准状况下，将 5.6 L HCl 溶于水配制成 100 mL 溶液，所得盐酸的物质的量浓度是（　　）。
   A. 0.25 mol/L　　　B. 2.5 mol/L　　　C. 5.6 mol/L　　　D. 56 mol

10. 中和 25 mL 0.2 mol/L 稀盐酸，需要 0.1 mol/L 氢氧化钠溶液（　　）。
    A. 25 mL　　　B. 50 mL　　　C. 75 mL　　　D. 100 mL

二、填空题

1. 物质的量浓度是以单位体积溶液里所含溶质的_____来表示的溶液浓度，用符号_____表示，常用的单位为_____，其数学表达式为_____。
2. 溶液由_____和_____组成。
3. 溶液的质量分数计算式：_____。
4. 溶液稀释时，由于稀释前后溶液中溶质的_____不变，即溶质的_____不变，因此得出等式：_____。
5. 将 0.1 mol 高锰酸钾固体加水配制成 0.5 L 溶液，所得溶液的物质的量浓度是_____。
6. 将 5.3 g 碳酸钠固体加水配制成 100 mL 溶液，所得溶液的物质的量浓度是_____。
7. 取 10 mL 6 mol/L 的盐酸加水稀释到 100 mL，所得溶液的物质的量浓度是_____。
8. 配制 1 L 0.1 mol/L H_2SO_4 溶液，需要量取浓硫酸（18 mol/L）_____ mL。
9. 从 500 mL 0.1 mol/L 氢氧化钠溶液中移取 25 mL，取出的氢氧化钠溶液的物质的量浓度是_____。
10. 25 mL 2 mol/L 氯化钠溶液中含氯化钠的物质的量是_____，所含氯化钠的质量是_____。

三、判断题

1. 物质的量浓度的单位为 mol/g。　　　　　　　　　　　　　　　　　（　　）
2. 对于溶液稀释，稀释前后，溶液中溶质的物质的量不变。　　　　　　（　　）
3. 配制 100 mL 1.0 mol/L H_2SO_4 溶液，需要取 10 mol/L H_2SO_4 溶液 10 mL。（　　）

4. 从 1 L 1 mol/L 盐酸溶液中移取 50 mL,取出的盐酸的物质的量浓度是 0.05 mol/L。
   ( )
5. 每升溶液中所含溶质的物质的量叫作溶质的物质的量浓度。   ( )
6. 1 L 含有 1 mol 溶质的溶液,它的物质的量浓度是 1 mol/L。   ( )
7. 58.5 g 食盐溶解在 1 L 水中,所得溶液物质的量浓度为 1 mol/L。   ( )
8. 稀释浓硫酸时,将浓硫酸缓慢倒入水中后应立即转移到容量瓶。   ( )
9. 将 4 g NaOH 溶于水配成 100 mL 溶液,此溶液中 NaOH 的物质的量浓度为 0.04。
   ( )
10. 中和 10 mL 2 mol/L NaOH 溶液,用去盐酸 50 mL,该盐酸的物质的量浓度为 0.4 mol/L。
    ( )

四、计算题

1. 配制 100 mL 1 mol/L 稀盐酸,需要量取浓盐酸(12 mol/L)多少毫升?

2. 配制 100 mL 浓氨水(物质的量浓度约为 13 mol/L),需要标准状况下的氨气多少升?

3. 中和 4 g NaOH 固体时用去硫酸 25 mL,该硫酸酸的物质的量浓度为多少?

(五)一定物质的量浓度溶液的配制

一、单项选择题

1. 容量瓶上的标识不包括(   )。
   A. 温度   B. 压强   C. 容积   D. 刻度线
2. 下列关于容量瓶的相关叙述,错误的是(   )。
   A. 容量瓶使用之前应先试漏,不漏水的容量瓶才能使用
   B. 稀释后的溶液应用玻璃棒转移进入容量瓶中
   C. 溶解或稀释时若有明显的热量变化,溶液应冷却到室温再转移入容量瓶
   D. 摇匀后发现容量瓶凹液面下降,再加入蒸馏水至刻度线

3. 用容量瓶配制一定物质的量浓度的溶液,容量瓶在使用之前应先进行(　　)。
   A. 试漏　　　　　　　　　　　　B. 润湿
   C. 烘干　　　　　　　　　　　　D. 以上三项都需要

4. 配制 100 mL 1 mol/L 盐酸溶液,下列仪器无需使用的是(　　)。

   A　　　　　　　B　　　　　　　C　　　　　　　D

5. 下列容器不能用于长期存放溶液的是(　　)。
   A. 容量瓶　　　　　　　　　　　B. 试剂瓶
   C. 棕色瓶　　　　　　　　　　　D. 细口瓶

6. 配制 100 mL 1.0 mol/L 碳酸钠溶液,不需要使用到的仪器是(　　)。

   A　　　　　　　B　　　　　　　C　　　　　　　D

7. 溶液配制时,转移时应用少量蒸馏水清洗烧杯(　　),洗涤液也要转移到容量瓶中。
   A. 1 次　　　　B. 2～3 次　　　　C. 4～5 次　　　　D. 5 次以上

8. 配制 100 mL 1.0 mol/L 盐酸,量取浓盐酸(12 mol/L)需要用到的量筒的容积是(　　)。
   A. 1 mL　　　　B. 5 mL　　　　C. 10 mL　　　　D. 100 mL

9. 在配制氯化钠溶液时,玻璃棒在固体溶解过程中所起的作用是(　　)。
   A. 搅拌　　　　B. 引流　　　　C. 蘸取液体　　　　D. 引发反应

10. 用容量瓶配制溶液时,溶液进行初混应该在(　　)步骤。
    A. 溶解　　　　B. 转移　　　　C. 定容　　　　D. 洗涤

二、填空题

1. 下图是某小组同学配制 100 mL 0.10 mol/L Na_2CO_3 溶液的步骤。

   A　　　　B　　　　C　　　　D　　　　E　　　　F

   配制过程的先后顺序为(用 A～F 填写):_____

2. 某学生需要用烧碱固体配制 0.1 mol/L NaOH 溶液 500 mL。实验室提供以下仪器:
   ①100 mL 烧杯;②100 mL 量筒;③1000 mL 容量瓶;④500 mL 容量瓶;⑤电子天平;⑥胶头滴管。请回答下列问题:
   (1)计算:需要称取 NaOH 固体_____ g。
   (2)配制时,必须使用的仪器有_____(填序号),还缺少的仪器是_____。

(3)配制时,正确的操作顺序是＿＿＿＿＿＿＿＿(用字母表示,每个操作只用一次)。

A. 用少量水洗涤烧杯和玻璃棒 2～3 次,洗涤液均转移入容量瓶,振荡

B. 在盛有 NaOH 固体的烧杯中加入适量水溶解

C. 将烧杯中已冷却的溶液沿玻璃棒注入容量瓶中

D. 将容量瓶盖紧,反复上下颠倒,摇匀

E. 改用胶头滴管加水,使溶液凹液面最低点与刻度线相切

F. 继续往容量瓶内小心加水,直至液面接近刻度 1～2 cm 处

(4)实验中两次用到玻璃棒,其作用分别是＿＿＿＿、＿＿＿＿。

(5)若出现如下情况,其中将引起所配溶液浓度偏高的是＿＿＿＿(填序号)。

①容量瓶实验前用蒸馏水洗干净,但未烘干

②定容观察液面时俯视

③配制过程中烧杯未洗涤

④加蒸馏水时不慎超过了刻度线

三、判断题

1. 溶液稀释前后,溶液中溶质的物质的量不变。( )

2. 将 4 g NaOH 溶于水配成 100 mL 溶液,此溶液中 NaOH 的物质的量浓度为 4 g/L。
( )

3. 配制 100 mL 2.0 mol/L H_2SO_4 溶液,需要 10 mol/L H_2SO_4 溶液的体积是 20 mL。
( )

4. 需要 80 mL 2 mol/L NaOH 溶液,应该选用 80 mL 的容量瓶。( )

5. 中和 10 mL 2 mol/L NaOH 溶液,用去盐酸 50 mL,该盐酸的物质的量浓度为 0.2 mol/L。
( )

6. 容量瓶摇匀后若发现溶液液面下降,无需加入蒸馏水重新定容。( )

7. 配制溶液时,若溶液为深色溶液,定容时,视线应与溶液凹液面的最高点相平。( )

8. 转移溶液结束后,应用少量水洗涤烧杯和玻璃棒 2～3 次,洗涤液均转移入容量瓶。
( )

9. 容量瓶在使用前必须是干燥的。( )

10. 容量瓶洗涤后若长期不用,应该在瓶塞处塞一条纸条。( )

四、计算题

1. 配制 100 mL 1 mol/L NaOH 溶液,需要称取氢氧化钠固体多少克?

2. 将 5.65 g 氯化钠固体配制成 100 mL 溶液，所得溶液的物质的量浓度是多少？

3. 配制 100 mL 1 mol/L 稀硫酸，需要量取浓硫酸(18 mol/L)多少毫升？

(六)溶液组成的表示方法

一、单项选择题

1. 配制 100 g 40% NaOH 溶液，需称取氢氧化钠固体(　　)。
   A. 40% g　　　　B. 4 g　　　　C. 40 g　　　　D. 60 g

2. 质量分数是 0.65 的稀硫酸，可以用百分数表示，即(　　)。
   A. $\omega(H_2SO_4)=65\%$
   B. $c(H_2SO_4)=0.65$ mol/L
   C. $n(H_2SO_4)=0.65$ mol
   D. $N(H_2SO_4)=65\%$

3. 下列对体积分数 75% 的乙醇溶液的相关叙述，错误的是(　　)。
   A. 表示每 100 mL 乙醇溶液里含有乙醇 75 mL
   B. 表示每 1 L 乙醇溶液里含有乙醇 750 mL
   C. 将 75 g 乙醇加水配成 100 mL 乙醇溶液，所得溶液的乙醇体积分数是 75%
   D. 将 75 mL 乙醇加 100 mL 水配成溶液，所得溶液的乙醇体积分数是 75%

4. 在 100 mL 氯化钡溶液中溶有 0.2 g 氯化钡，则该溶液的质量浓度是(　　)。
   A. 0.2%　　　　B. 2 g/L　　　　C. 2 g/mL　　　　D. 2 mol/L

5. 配制质量浓度为 9 g/L 的氯化钠(生理盐水)溶液 100 mL，需称量氯化钠(　　)。
   A. 0.9 g　　　　B. 9 g　　　　C. 9 mol　　　　D. 900 g

6. 白酒、黄酒、葡萄酒等酒类的"度"(以°标示)，指的是酒精的(　　)。
   A. 质量分数　　B. 体积分数　　C. 质量浓度　　D. 物质的量浓度

7. 在重量分析法中，坩埚需采用 1∶4 盐酸进行清洗，"1∶4 盐酸"是指(　　)。
   A. 1 g 浓盐酸和 4 g 水混合
   B. 1 mol 浓盐酸和 4 mol 水混合
   C. 1 体积浓盐酸和 4 g 水混合
   D. 1 体积浓盐酸和 4 体积水

8. 在某血液化验单中，尿酸的结果为"549"，根据单位判断该体检指标所采用的物理量是(　　)。

检验项目	结果	单位	参考范围
13 白球比	1.79		1.20-2.4
14 尿素氮	3.3	mmol/L	3.1-8.0
15 肌酐	66	umol/L	57-97
16 尿酸	549	↑umol/L	<416
17 总胆固醇	3.64	mmol/L	3.10-5.69
18 甘油三酯	1.74	↑mmol/L	0.56-1.47

A. 物质的量浓度　　B. 质量分数　　C. 溶解度　　D. 摩尔质量

9. 将 53 g 碳酸钠配制成 200 mL 溶液,则,溶液的物质的量浓度是(　　)。
   A. 0.2%　　　　B. 0.25 g/L　　　　C. 0.265 mol/L　　　　D. 2.5 mol/L

二、填空题

1. 溶液中溶质 B 的质量(m_B)与溶液质量(m)之比叫_____。
2. 用 1 L 溶液里所含溶质的质量(g)来表示的溶液浓度,叫作_____。
3. 用溶质的体积占全部溶液体积的分数来表示的浓度,叫作_____。
4. 用两种液体配制溶液时,有时用两种液体的体积比表示浓度,叫作_____。
5. 用溶液中溶质 B 的物质的量除以溶剂的质量来表示的浓度,叫_____。
6. 80 g NaOH 溶解在 420 mL 水中,所得溶液的质量分数为_____。
7. 碘酒中,溶质是_____,溶剂是_____。
8. 某牛乳包装盒上的营养成分表如右图所示,则该产品中脂肪"4.4 g"表示成质量浓度应是_____。
9. 某无土栽培营养液中含硝酸钾的质量分数约为 0.06%,配制 5 kg 无土栽培营养液需要称取硝酸钾固体_____。

配料: 生牛乳		
项　目	每100mL	NRV%
能　量	309kJ	4%
蛋白质	3.6g	6%
脂　肪	4.4g	7%

三、判断题

1. 市售浓酸、浓碱大多用质量浓度表示。　　　　　　　　　　　　　　　(　　)
2. 在 1 L 氯化钠溶液中含有氯化钠 150 g,则氯化钠溶液的质量浓度就是 150 g/L。
　　　　　　　　　　　　　　　　　　　　　　　　　　　　　　　　　　(　　)
3. 质量浓度常用于电镀工业中配制电镀液。　　　　　　　　　　　　　　(　　)
4. 溶液的质量浓度就是溶质的质量分数。　　　　　　　　　　　　　　　(　　)
5. 体积比浓度只在对浓度要求精确时使用。　　　　　　　　　　　　　　(　　)
6. 质量摩尔浓度常用来研究难挥发的非电解质稀溶液的性质,如:蒸气压下降、沸点上升、凝固点下降和渗透压。　　　　　　　　　　　　　　　　　　　　　　(　　)
7. 75%的酒精用于消毒,"75%"指的是溶质的质量分数。　　　　　　　　(　　)
8. 王水是浓盐酸和浓硝酸按照体积比 1∶3 的形成的混合液。　　　　　　(　　)
9. 将 20 克氢氧化钠配制成 100 mL 水溶液,其溶质的质量分数为 20%。　(　　)
10. 某品牌白酒的酒精度为 52°,说明 100 mL 该品牌白酒中含 52 mL 乙醇。(　　)

第二节　弱电解质的电离平衡

一、单项选择题

1. 下列物质的水溶液能导电,但是本身不是电解质的是(　　)。
   A. HCl　　　　B. 氧化钙　　　　C. Cl_2　　　　D. CCl_4
2. 下列属于电解质的是(　　)。
   A. 酒精　　　　B. 汽油　　　　C. 铁　　　　D. 氯化钙

3. 下列物质中,都是强电解质的是(　　)。
   A. 铁、硫酸铜、蔗糖
   B. 酒精、氨水、氯化铁
   C. 汽油、醋酸、氯化铜
   D. 碘化钠、硝酸银、氢氧化钠

4. 下列物质在水溶液中是部分电离的是(　　)。
   A. H_2SO_4
   B. KOH
   C. NaCl
   D. CH_3COOH

5. 下列物质在水溶液中属于弱电解质的是(　　)。
   A. H_2CO_3
   B. H_2SO_4
   C. NaOH
   D. Na_2CO_3

6. 弱电解质在水中的存在形式是(　　)。
   A. 分子
   B. 离子
   C. 分子和离子
   D. 单质

7. 下列物质在水溶液中存在电离平衡的是(　　)。
   A. H_2SO_4
   B. CH_3COOH
   C. HCl
   D. NaCl

8. 下列物质含有自由移动的 Cl^- 的是(　　)。
   A. $KClO_3$ 溶液
   B. $CaCl_2$ 溶液
   C. KCl 晶体
   D. 液态氯化氢

9. 将 1 mol 下列物质加入 1 L 水中,导电能力最弱的是(　　)。
   A. H_2SO_4
   B. AgCl
   C. CH_3COOH
   D. NaCl

二、填空题

1. 在水溶液中或熔融状态下_____的化合物叫作_____;在水溶液中或熔融状态下_____的化合物叫作_____。

2. 酸、碱、盐都是_____,它们在水溶液或者熔融状态下_____,这是因为在溶液中或者熔融状态下,产生了_____,这些带电离子在外电场的作用下,做定向移动的结果。

3. 大多数有机化合物,如酒精、蔗糖等都是_____,它们水中以_____形态存在,因而非电解质不能_____。

4. 电解质在_____或_____状态下_____的过程叫作_____。

5. 根据电解质在溶液中的_____的大小,可将电解质分为_____和_____。

6. 强电解质包括_____、_____和_____。

7. 我们把在水溶液中_____的电解质称为_____,弱电解质在水溶液中只有_____电离离成离子,大部分仍然以分子形式存在。

8. 弱电解质包括_____、_____和_____。

9. 在一定条件中,当电解质分子电离成离子的速率_____离子结合成分子的速率时,未电离的分子和离子间建立起_____,这种动态平衡称为_____。

10. 电解纯净水时,气泡冒出速度很_____(填"快"或"慢"),几乎看不到气泡,这是因为水是极_____(填"强"或"弱")电解质。可以增加溶液的导电能力,电解水时可加入少量硫酸钠,因为硫酸钠是_____(填"强"或"弱")电解质。

三、判断题

1. 硫酸钡难溶于水,因此它是弱电解质。   （   ）
2. 电解质溶液的导电能力取决于溶液中离子浓度的大小。   （   ）
3. 强电解质是在水溶液中都能完全电离的电解质。   （   ）
4. 在水溶液中或熔融状态下能够导电的化合物叫作电解质。   （   ）
5. 当溶液浓度相同时,盐酸的导电性比醋酸强。   （   ）
6. 强电解质溶液中的微粒有阴离子和阳离子,无电解质分子。   （   ）
7. 电离平衡是相对的,当外界条件(例如温度)改变时,平衡就会发生移动。   （   ）
8. 弱电解质溶液越稀,其电离度越大,因而酸度也越大。   （   ）
9. 盐酸是强电解质。   （   ）
10. H_2SO_4 是强电解质。   （   ）

四、写出下列物质在水中电离的电离方程式

1. HCl：_____。
2. H_2SO_4：_____。
3. CH_3COOH：_____。
4. NaOH：_____。
5. $Ba(OH)_2$：_____。
6. $NH_3·H_2O$：_____。
7. $CuSO_4$：_____。
8. $NaHCO_3$：_____。
9. $NaHSO_4$：_____。

五、计算题

1. 计算 0.1 mol/L HNO_3 中各离子的浓度。

2. 计算 0.1 mol/L H_2SO_4 中各离子的浓度。

3. 计算 0.1 mol/L KOH 中各离子的浓度。

4. 计算 0.1 mol/L Ba(OH)$_2$ 中各离子的浓度。

5. 计算 0.1 mol/L AlCl$_3$ 中各离子的浓度。

第三节 水的离子积和溶液的 pH

一、单项选择题

1. 一些食物的近似 pH 如下：①玉米粥 6.8～8.0；②苹果 2.9～3.3；③牛奶 6.3～6.6；④鸡蛋清 8.0～10.6。胃酸过多的病人应少吃(　　)。
   A. 玉米粥　　　　B. 苹果　　　　C. 牛奶　　　　D. 鸡蛋清

2. 相同浓度的下列溶液，$c(H^+)$ 最大的是(　　)。
   A. H$_2$SO$_4$　　　B. HCl　　　　C. NaOH　　　　D. Ba(OH)$_2$

3. 下列溶液的 pH 最大的是(　　)。
   A. 0.1 mol/L H$_2$SO$_4$　　　　　　B. 0.1 mol/L HCl
   C. 0.1 mol/L KOH　　　　　　　　D. 0.1 mol/L CH$_3$COOH

4. 下列溶液的 pH 大于 7 的是(　　)。
   A. 食盐水　　　B. 食醋　　　　C. 石灰水　　　D. 汽水

5. 在 pH＝10 的溶液中滴加紫色石蕊试液，溶液显示(　　)。
   A. 红色　　　　B. 黄色　　　　C. 紫色　　　　D. 蓝色

6. 某些植物适合生长的 pH 范围如下：

植物	茶树	棉花	水稻	甘草
pH	5.0～5.5	6.0～6.8	6.0～7.0	7.2～8.5

某地农科所下乡指导，农科人员测得土壤为弱碱性土壤，该地适合种植(　　)。
   A. 茶树　　　　B. 棉花　　　　C. 水稻　　　　D. 甘草

7. 下列溶液碱性最强的是(　　)。
   A. 0.01 mol/L H$_2$SO$_4$
   B. 0.01 mol/L Ba(OH)$_2$

C. 0.01 mol/L KOH

D. 0.01 mol/L CH₃COOH

8. 下列溶液酸性最强的是( )。

　　A. 0.1 mol/L H₂SO₄　　　　　　　　　B. 0.1 mol/L HCl

　　C. 0.1 mol/L KOH　　　　　　　　　　D. 0.1 mol/L CH₃COOH

9. 心血管疾病是人类健康的第二杀手，心血管疾病患者多数属于酸性体质。根据下表信息，患者可以适当增加( )的摄入。

食物	苹果	葡萄	牛奶	豆制品
pH	2.9～3.3	3.5～4.5	6.3～6.6	7.4～7.9

10. 下列是几种溶液的pH，同等条件下( )的溶液碱性最强。

　　A. pH=4　　　　B. pH=7　　　　C. pH=9　　　　D. pH=12

11. 常温下，某溶液中 $c(H^+)<10^{-7}$，则该溶液( )。

　　A. 呈酸性　　　B. 呈碱性　　　C. 呈中性　　　D. 无法确定

二、填空题

1. 水是极弱电解质，在水中的电离方程式是 _____。

2. _____ 叫作水的离子积。实验测得：25℃时，纯水中 $c(H^+)=c(OH^-)=$ _____。用符号 _____ 表示。据此计算可得：25℃时 $K_w=$ _____（填数值）。

3. 溶液中的 $c(H^+)$ 和 $c(OH^-)$ 的相对大小，决定了溶液的酸碱性。当 $c(H^+)>c(OH^-)$ 时，溶液呈_____性；当 $c(H^+)<c(OH^-)$ 时，溶液呈_____性；当 $c(H^+)=c(OH^-)$，溶液呈_____性。

4. 25℃时，某溶液中 $c(H^+)=0.01$，则该溶液的 pH=_____。

5. $c(H^+)$ 越大，溶液的_____（填"酸性"或"碱性"）越强。

6. 用于指示溶液的酸碱性常用_____剂。

7. 人体血液的pH正常范围是_____，若pH<7.35，人体会出现_____中毒。

8. pH检测要求不高，可简单地使用pH试纸。测定时将_____滴在_____上，然后把试纸显示的颜色跟_____对照，读取pH。

9. 面团发酵会产生有机酸，可以加入少量_____（填化学式）中和有机酸。

10. 能够准确测得溶液pH的是_____。

11. 溶液中 $c(H^+)$ 越大，溶液的pH越_____（填"大"或"小"）。

12. 溶液中 $c(OH^-)$ 越大，溶液的pH越_____（填"大"或"小"）。

三、判断题

1. 水的离子积适用于水及以水为溶剂的稀溶液。　　　　　　　　　　　　( )

2. 某溶液中的 $c(OH^-)$ 越大，溶液的碱性越强。　　　　　　　　　　　　( )

3. 溶液中的pH每增大一个单位，溶液中 $c(H^+)$ 增大一倍。　　　　　　　( )

4. 准确检测溶液的pH可采用pH计。　　　　　　　　　　　　　　　　　( )

5. 若人体的血液pH>7.45，人体会出现酸中毒。　　　　　　　　　　　　( )

6. 溶液中的 $c(H^+)$ 越大,溶液的 pH 越大。 （   ）
7. 任何条件下中性溶液的 pH=7。 （   ）
8. 在相同温度下,A 溶液的 pH 为 4,B 溶液的 pH 为 5,则 A 溶液酸性强于 B 溶液。

（   ）

9. 某溶液能使紫色石蕊显蓝色,该溶液一定显碱性。 （   ）
10. 某溶液不能使无色酚酞变色,该溶液一定显酸性。 （   ）

四、计算题

1. 求 0.1 mol/L HCl 溶液的 pH。

2. 求 0.05 mol/L H_2SO_4 溶液的 pH。

3. 求 0.1 mol/L KOH 溶液的 pH。

4. 求 0.005 mol/L $Ba(OH)_2$ 溶液的 pH。

第四节　离子反应和离子方程式

一、单项选择题

1. 下列反应属于离子反应的是(　　)。
   A. $4Na+O_2 = 2Na_2O$
   B. $Cl_2+2KI = I_2+2KCl$
   C. $H_2+CuO \xrightarrow{\triangle} Cu+H_2O$
   D. $Na+Cl_2 \xrightarrow{点燃} 2NaCl$

2. 下列不是离子反应发生的条件的是(　　)。
   A. 反应生成难电离物质
   B. 反应生成难溶性物质

  C. 生成易挥发物质   D. 生成氧化物

3. 下列能发生离子反应的是( )。
  A. $Na_2CO_3 + CaCl_2$ B. $Na_2CO_3 + K_2SO_4$
  C. $HCl + CuSO_4$ D. $Ba(NO_3)_2 + KCl$

4. 下列离子方程式正确的是( )。
  A. $AgNO_3 + H^+ + Cl^- =\!= AgCl\downarrow + HNO_3$
  B. $Ca^{2+} + CO_3^{2-} =\!= CaCO_3$
  C. $Cl_2 + 2I^- =\!= 2Cl^- + I_2$
  D. $NaHCO_3 + H^+ + Cl^- =\!= NaCl + CO_2\uparrow + H_2O$

5. 下列离子在溶液中能大量共存的是( )。
  A. Ca^{2+}、Cl^-、Na^+ B. Ba^{2+}、K^+、SO_4^{2-}
  C. NH_4^+、K^+、OH^- D. CO_3^{2-}、Na^+、H^+

6. 当溶液中含有大量 H^+ 时,溶液中可以存在大量( )。
  A. SO_4^{2-} B. CO_3^{2-}
  C. OH^- D. HCO_3^-

7. 能正确表示下列反应的离子方程式的是( )。
  A. 氢氧化钡溶液与硫酸反应:$H^+ + OH^- =\!= H_2O$
  B. 澄清的石灰水与稀盐酸反应:$Ca(OH)_2 + 2H^+ =\!= Ca^{2+} + 2H_2O$
  C. CH_3COOH 溶液与 $NH_3 \cdot H_2O$ 溶液反应:$H^+ + OH^- =\!= H_2O$
  D. 碳酸钙溶于稀盐酸中:$CaCO_3 + 2H^+ =\!= Ca^{2+} + H_2O + CO_2\uparrow$

8. 在下列化学方程式中,能够用离子方程式 $Ba^{2+} + SO_4^{2-} =\!= BaSO_4\downarrow$ 表示的是( )。
  A. $BaCl_2 + K_2SO_4 =\!= BaSO_4\downarrow + 2KCl$
  B. $BaCO_3 + H_2SO_4 =\!= BaSO_4\downarrow + CO_2\uparrow + H_2O$
  C. $Ba(Ac)_2 + H_2SO_4 =\!= BaSO_4\downarrow + 2HAc$
  D. $Ba(OH)_2 + 2KHSO_4 =\!= BaSO_4\downarrow + K_2SO_4 + 2H_2O$

9. 把铜片放入稀硫酸溶液中,加入( )后,溶液中的铜片开始反应。
  A. 浓 H_2SO_4 B. 固体 K_2SO_4
  C. KNO_3 固体   D. KCl

10. 人体的血液中含有一定的钾元素,钾元素的含量需要保持在一个合理的范围内。有种医用补钾化合物能与硝酸银产生不溶于水和稀硝酸的白色沉淀,该补钾化合物可能是( )。
  A. KNO_3 B. KCl C. KNO_3 D. KOH

二、填空题

1. 电解质溶于水后,受水的影响可以电离得到_____,因此溶液中的反应实际上就是_____之间的反应,凡是_____的反应叫作离子反应。

2. 在配制硫酸铜溶液时,可以往溶液中加入少量氢氧化钠溶液除去溶液中的 Fe^{3+},对应的离子方程式为_____。

3. 离子反应的发生需要一定的条件,当生成物中有_____、_____、_____产生时,离子反应即可进行。
4. 写出下列化学方程式的离子方程式。
   ① $BaCl_2 + H_2SO_4 = BaSO_4\downarrow + 2HCl$
   _____。
   ② $Na_2CO_3 + 2HCl = 2NaCl + CO_2\uparrow + H_2O$
   _____。
   ③ $NaOH + CH_3COOH = CH_3COONa + H_2O$
   _____。
   ④ $Fe(OH)_3 + 3HCl = FeCl_3 + 3H_2O$
   _____。
   ⑤ $CaCO_3 + 2HCl = CaCl_2 + CO_2\uparrow + H_2O$
   _____。

三、判断题
1. 任意两种电解质都可以发生离子反应。( )
2. 氢氧化钠和盐酸可以发生离子反应。( )
3. 酸性土壤可以施用碱石灰等方法进行改良。( )
4. 碳酸钠与盐酸可以发生离子反应产生气体。( )
5. 家里烧水壶使用久后容易在底部形成水垢,可用食醋浸泡一段时间除去。( )
6. 用硝酸银检验盐酸的离子方程式为 $Ag^+ + Cl^- = AgCl\downarrow$。( )
7. 所有的酸碱中和反应都是离子反应。( )
8. 离子反应进行的必要条件是沉淀、气体和水。( )
9. 一个离子反应只能表示一个化学方程式。( )
10. 氢氧化铝用来治疗胃酸过多,电离方程式是 $H^+ + OH^- = H_2O$。( )

第五节 盐类的水解

一、单项选择题
1. 醋酸钠溶液显( )。
   A. 酸性　　　　　　　　　　B. 碱性
   C. 中性　　　　　　　　　　D. 无法确定
2. 相同浓度的下列溶液,碱性最强的是( )。
   A. Na_2CO_3　　B. $CuSO_4$　　C. $CaCl_2$　　D. NH_4Cl
3. 常温下,浓度均为 0.1 mol/L 的下列溶液,pH 最大的是( )。
   A. NH_4Cl　　　　　　　　B. $NaCl$
   C. Na_2CO_3　　　　　　　D. Na_2SO_4

4. 室温下,下列物质的溶液 pH<7 的是(　　)。
   A. NH_4Cl　　　　B. NaCl　　　　C. KNO_3　　　　D. Na_2CO_3

5. 治疗酸中毒的病人不应采用(　　)。
   A. 0.9% NH_4Cl 溶液　　　　　　B. 0.9% 的 NaCl 溶液
   C. 5% 葡萄糖溶液　　　　　　　　D. 0.25% $NaHCO_3$ 溶液

6. 在配制氯化铁溶液时,为了防止铁离子水解,可以采用的做法是(　　)。
   A. 用热水配制溶液　　　　　　　B. 往溶液中加入少量硫酸
   C. 往溶液中加入少量盐酸　　　　D. 往溶液中加入氯化钠

7. 在水中,下列不会水解的是(　　)。
   A. NH_4NO_3　　　B. NaCl　　　C. $FeCl_3$　　　D. $AlCl_3$

8. 某溶液的 pH 为 9,则该溶液可能是(　　)。
   A. 氯化氢溶液　　　　　　　　　B. 硫酸氢钠溶液
   C. $BaCl_2$ 溶液　　　　　　　　D. 醋酸钠溶液

9. 碳酸钠在工业中可作为去污剂,并且加热后的去污能力更强,其中主要的原因是(　　)。
   A. 加热后碳酸钠发生分解
   B. 加热后促进碳酸钠水解,溶液中 OH^- 增多
   C. 加热后碳酸钠浓度增大
   D. 加热后促进碳酸钠水解,溶液中 H^+ 增多

10. 关于盐的水解,叙述错误的是(　　)。
    A. 盐的水解反应与中和反应是可逆反应
    B. 盐在水中都会发生水解
    C. 强酸弱碱盐的水溶液呈酸性
    D. 弱酸弱碱盐在水中发生水解,因此溶液可能是中性的

二、填空题

1. 盐在水中电离出的离子与水电离出的 H^+ 或 OH^- 结合形成_____的过程叫作_____。

2. 根据形成盐的酸和碱,盐可以分成四类:_____、_____、_____、_____。

3. 盐溶液的酸碱性与盐的类型有关,强碱弱酸盐溶液呈_____性,强酸弱碱盐溶液呈_____性。

4. 盐的离子发生水解时,溶液中的 H^+ 和 OH^- 浓度发生改变,溶液呈现一定的_____性。

5. 盐的水解程度很小,水解产物的量也很小,因此书写有难溶物质产生的方程式时,一般不标_____符号。

6. Na_2CO_3 在水中电离出的_____(填符号)与水电离出的_____(填符号)结合生成_____(填符号),因此溶液中_____(填符号)浓度增大,溶液呈_____性。

7. 泡沫灭火器中装有硫酸铝和小苏打,其中硫酸铝溶液呈_____性,溶液中的_____(填符号)与小苏打发生发生产生二氧化碳。

8. 加热氯化铁溶液后,溶液颜色变深,这是因为加热后溶液温度升高,温度升高,氯化铁的_____程度增大。
9. 提纯硫酸铜固体时,在对溶液进行加热结晶的操作前,需往溶液中加入少量的稀_____(填名称)。
10. 氯化铝溶液中呈_____性,这是因为氯化铝在水中发生_____反应,破坏了水的_____平衡,使得溶液中$c(H^+)$_____(填">""<"或"=")$c(OH^-)$。
11. 草木灰中含有碳酸钾,它的水溶液呈_____(填"酸""碱"或"中")性,因此草木灰可以用于改良_____(填"酸""碱"或"中")性土壤。
12. 次氯酸钠是 84 消毒液的有效成分,因此 84 消毒液溶液呈_____(填"酸""碱"或"中")性。

三、判断题

1. $NaHSO_4$ 不发生水解,$NaHSO_4$ 溶液呈中性。( )
2. 盐类的水解程度很小,并且它是一个可逆反应。( )
3. $NaHCO_3$ 中含有 H 原子,因此其水溶液呈酸性。( )
4. 盐溶于水后,如果电离出的阳离子发生水解,则溶液中 OH^- 浓度增大。( )
5. 盐发生水解后,水的电离平衡发生移动。( )
6. 盐溶于水后都会发生水解,因此盐的溶液一定不呈中性。( )
7. 用硝酸银检验氯离子属于盐的水解。( )
8. 硫化钠溶液具有一定的臭味气味,这是因为硫化钠发生了水解。( )
9. 氯化铵是一种有效的除锈剂,这是因为氯化铵水解后溶液呈酸性。( )
10. 农业生产中铵态氮肥与草木灰可以一起施用。( )

第六节　学生实验:溶液的配制、稀释和 pH 的测定

一、单项选择题

1. 下列仪器在溶液配制时不需要使用到的是( )。
   A. 烧杯　　　　　B. 玻璃棒　　　　　C. 酒精灯　　　　　D. 容量瓶
2. 在配制稀硫酸时,应选用( )量取浓硫酸的体积。
   A. 量筒　　　　　B. 滴定管　　　　　C. 烧杯　　　　　　D. 移液管
3. 下列属于容量瓶作用的是( )。
   A. 溶液保存　　　B. 溶液冷却　　　　C. 溶液量取　　　　D. 溶液定容
4. 容量瓶漏水时应( )。
   A. 调换磨口塞　　B. 停止使用　　　　C. 在瓶塞周围涂油　D. 摇匀时勿倒立
5. 在配制氢氧化钠溶液时,下列操作错误的是( )。
   A. 用天平称取对应质量的氢氧化钠
   B. 称量氢氧化钠固体时应该用烧杯进行称量

C. 发现固体溶解后立即将烧杯内溶液转移到容量瓶中

D. 转移后应洗涤烧杯和玻璃棒 2～3 次

6. 用浓硫酸配制稀硫酸的操作,下列说法错误的是(　　)。

A. 用量筒量取所需体积的浓硫酸

B. 浓硫酸稀释时,应将浓硫酸沿着烧杯内壁缓慢倒入水中,并不断搅拌

C. 稀释后,溶液需冷却到室温,再用玻璃杯将溶液转移到容量瓶中

D. 浓硫酸的稀释需要在通风橱内进行

7. 实验室废酸、废碱的处理方法,下列说法正确的是(　　)。

A. 直接往水槽中倒,再用大量自来水冲洗

B. 经中和处理后用水稀释后倒入下水道

C. 回收再利用

D. 加入吸附剂吸附有害物质

8. 欲配制 100 mL 0.1 mol/L 稀盐酸,需要量取浓盐酸(12 mol/L)的体积是(　　)。
A. 84 mL　　　　　　B. 1.2 mL　　　　　　C. 8.4 mL　　　　　　D. 12 mL

9. 欲配制 500 mL 0.1 mol/L 氢氧化钠溶液,需要称取氢氧化钠固体的质量是(　　)。
A. 2 g　　　　　　　B. 20 g　　　　　　　C. 50 g　　　　　　　D. 500 g

10. 欲配制 90 mL 0.1 mol/L 稀盐酸溶液,最适宜选择的仪器是(　　)。

A. 90 mL 容量瓶　　　　　　　　　　B. 90 mL 烧杯

C. 100 mL 容量瓶　　　　　　　　　D. 100 mL 烧杯

二、填空题

1. 无机化学实验室常用于量取一定体积溶液的仪器为_____和_____。

2. 量取 9.5 mL 水可采用规格为_____的_____。

3. 粗略测定溶液 pH 值可以采用_____或_____。

4. 欲配制 100 mL 1 mol/L 氯化钠溶液应选用精密仪器_____。

5. 稀释浓硫酸时,产生了大量的热,因此转移溶液前溶液前必须将溶液进行_____。

6. 称取氯化钠固体可以直接用_____纸称量。

7. 烧杯盛放溶液的体积不能超过试管的_____分之_____。

8. 浓盐酸具有挥发性,因此稀释浓盐酸应该在_____内进行。

9. 配制硫酸铜溶液时,溶解硫酸铜固体时,玻璃棒的作用是_____。

10. 实验结束后的有害溶液应该倒入对应的_____缸,并进行统一处理后才可以倒入下水道。

三、判断题

1. 没有玻璃棒时可以用温度计代替玻璃棒进行搅拌。　　　　　　　　　　　　(　　)

2. 容量瓶不用时,应该在瓶塞和瓶口之间塞一条纸条。　　　　　　　　　　　(　　)

3. 摇匀后发现溶液液面下降应该继续加入水再次定容。　　　　　　　　　　　(　　)

4. 定容浅色溶液时,溶液的凹液面的最低点与刻度线相切。　　　　　　　　　(　　)

5. 进行溶液的 pH 测定时,pH 试纸应先用蒸馏水润湿。　　　　　　　　　　　(　　)

6. 称取氢氧化钠固体可以直接用称量纸称量。（　　）
7. 固体溶解时，可以采用加热方式促进固体溶解，固体溶解后应趁热转移到容量瓶中。（　　）
8. 用玻璃棒转移溶液时，玻璃棒应深入到刻度线以下，但不能碰到容量瓶的瓶口。（　　）
9. 测定溶液的 pH 前，应将 pH 试纸直接投入待测液中。（　　）
10. 用容量瓶配制深色溶液，定容时溶液凹液面的上沿要与容量瓶的刻度线相平。（　　）

四、计算题

1. 配制 100 mL 1 mol/L 氢氧化钠溶液，需称取氢氧化钠多少克？

2. 配制 500 mL 1 mol/L 稀盐酸，需量取浓盐酸（12 mol/L）多少毫升？

五、问答题

1. 简述过滤时"一贴二抵三靠"分别指的是什么。

3. 简述用 pH 试纸测定溶液 pH 的方法。

第四章 常见无机物及其应用

第一节 常见非金属单质及其化合物

(一)常见非金属单质

一、单项选择题

1. 在下列用途中,利用氮气化学性质稳定的是( )。
   A. 与氩气混合充填灯泡　　　　　　B. 工业上用于合成氨
   C. 工业上以氮气为原料制硝酸　　　D. 液氮作为冷冻剂
2. 下列说法正确的是( )。
   A. 氯气具有刺激性气味
   B. 氯气是黄绿色的,氯化氢也呈黄绿色
   C. 液氯是氯气的水溶液
   D. 氯气有毒,氯离子也有毒
3. 氯气的性质很活泼,是因为( )。
   A. 氯气有毒　　　　　　　　　　　B. 氯气能与金属反应
   C. 氯原子的最外层有七个电子　　　D. 氯气能与非金属反应
4. 下列不属于氯气用途的是( )。
   A. 用于自来水消毒　　　　　　　　B. 可以用于生产盐酸
   C. 可以用于漂白纸张　　　　　　　D. 用于生产食盐
5. 氯水可用于杀菌和消毒,这是因为( )。
   A. 氯水中含有强氧化性的 HClO
   B. 氯气具有漂白作用
   C. 氯气具有氧化性
   D. 氯气与水反应生成的盐酸是强酸
6. 下列气体有毒的是( )。
   A. Cl_2　　　　B. H_2　　　　C. O_2　　　　D. N_2
7. 能使有色布条褪色的物质是( )。
   A. 氯水　　　　　　　　　　　　　B. 氯化钠溶液
   C. 氢氧化钠溶液　　　　　　　　　D. 氯化钙溶液

8. 下列关于氯气的叙述,正确的是( )。
   A. 通常情况下氯气比空气重,可以用向上排空气法收集 Cl_2
   B. 氯气是一种无色无味气体,气体泄漏时不易被发现
   C. 液氯说明常温常压下也存在液态氯气
   D. 液氯可贮存于钢瓶中,因此氯水也可以贮存于钢瓶中

9. 下列对氯气反应现象的描述,不正确的是( )。
   A. 氯气让湿润的淀粉—KI试纸变蓝
   B. 铁丝在氯气中燃烧产生棕褐色的烟
   C. 铜丝在氯气中燃烧生成蓝色的固体
   D. 钠与氯气燃烧会发出黄色的光

10. 漂白粉的有效成分是( )。
    A. HClO   B. $Ca(ClO)_2$
    C. $Ca(OH)_2$ D. $CaCl_2$

11. 下列关于漂白粉的叙述,正确的是( )。
    A. 工业上使用氯气通入澄清石灰水制取
    B. 漂白粉的主要成分为 $Ca(ClO)_2$
    C. 漂白粉可以露置在通风阴凉处
    D. 漂白粉在酸性环境下使用效果更好

12. 下列物质氧化性最强的是( )。
    A. F_2 B. Cl_2 C. Br_2 D. I_2

13. 下列关于红磷和白磷的说法,不正确的是( )。
    A. 可以相互转化   B. 在氧气中燃烧的产物相同
    C. 都易溶于 CS_2 D. 白磷剧毒、红磷无毒

14. 下列物质无法通过单质与 O_2 直接化合生成的是( )。
    A. SO_3 B. NO
    C. Na_2O_2 D. Al_2O_3

15. 下列有关硫的性质的叙述,正确的是( )。
    A. 质脆易粉碎,易溶于二硫化碳
    B. 微溶于水,淡黄色晶体
    C. 硫与 Fe 反应生成 FeS,与 Cu 反应生成 CuS
    D. 硫在空气中燃烧的产物是 SO_2,在氧气中燃烧的产物是 SO_3

16. 下列物质间的转化不能一步实现的是( )。
    A. $S \longrightarrow SO_2$ B. $Fe \longrightarrow FeCl_2$
    C. $N_2 \longrightarrow NO_2$ D. $Fe(OH)_2 \longrightarrow Fe(OH)_3$

17. 下列关于硫单质的叙述,错误的是( )。
    A. 硫是一种黄色晶体   B. 自然界中有单质硫存在
    C. 硫在空气中燃烧时生成 SO_3 D. 难溶于水,微溶于酒精,易溶于 CS_2

18. 氮气是一种不活泼的气体,其根本原因是(　　)。
    A. 氮元素的非金属性较弱
    B. 氮原子的半径较小,核对最外层电子吸引力强
    C. 氮气是双原子分子
    D. 使氮气分子中的氮氮三键断裂需要吸收很高的能量

19. 下列变化不属于氮的固定的是(　　)。
    A. 工业合成氨
    B. 雷雨闪电时,大气中产生了一氧化氮
    C. 豆科作物的根瘤菌将空气中的氮转化为氨
    D. 在一定条件下由氨气和二氧化碳合成尿素

20. 下列用途应用了氮气的稳定性的是(　　)。
    A. 以氮气为原料之一制造硝酸　　　　B. 合成氨气后,制氮肥
    C. 金属焊接时的保护气　　　　　　　D. 镁可以和氮气反应

21. 氮气常用作白炽灯泡中钨丝的保护气,这是因为(　　)。
    A. 氮气比空气轻
    B. 氮气难溶于水
    C. 氮气是无色无味的气体
    D. 氮气很不活泼

22. 下列关于氮气性质的描述,不正确的是(　　)。
    A. 无毒　　　　B. 无色　　　　C. 无味　　　　D. 黄绿色

23. 下列关于氮气的性质的说法,错误的是(　　)。
    A. 通常状况下,氮气的化学性质不活泼
    B. 氮气可在氧气中燃烧,生成 NO 气体
    C. 通常状况下,氮气在水中的溶解度很小
    D. 在一定条件下跟氢气化合时,氮气是氧化剂

24. 在下列物质中,有剧毒的是(　　)。
    A. 红磷　　　　B. 白磷　　　　C. N_2　　　　D. 二氧化碳

25. 下列关于磷的叙述,正确的是(　　)。
    A. 红磷没有毒性而白磷有剧毒
    B. 白磷在空气中加热到260℃可转变为红磷
    C. 白磷可用于制造安全火柴
    D. 白磷和红磷是磷元素的两种同位素

26. 下列物质在氧气中燃烧,产生大量白烟的是(　　)。
    A. 木炭　　　　B. 铁丝　　　　C. 红磷　　　　D. 酒精

27. 在下列物质中,氮元素的化合价最低的是(　　)。
    A. N_2　　　　B. NH_3　　　　C. NO　　　　D. NO_2

二、填空题

1. 工业上用氮气和氢气合成氨气,请写出其化学方程式_____。

2. "雷雨发庄稼",用化学方程式表示打雷时游离态氮转化为化合态氮：_____
_____。
3. 氯气是一种_____色、有_____气味、有_____气体。
4. 氯气的水溶液叫作_____,应保存在_____瓶中,氯水中_____(填化学式)能使有机色质褪色,可做为_____剂。
5. 新制氯水呈_____色,说明溶液中有_____分子存在。
6. 将溴水滴入淀粉碘化钾溶液,溶液变成_____色。其化学方程式为_____
_____。
7. 将湿润的淀粉碘化钾试纸放在氯气瓶口,反应生成的_____(填化学式)使淀粉试纸变为_____色,氯气与碘化钾的反应方程式：_____。
8. 将空气中游离的氮转变为氮的化合物的过程,叫作_____,只有这样,氮元素才能被农作物_____,_____是常用的人工固氮方法。
9. 磷的同素异形体有_____、_____,其中_____有毒,易溶于_____,着火点是_____,在空气中缓慢氧化可发生_____,应保存在_____。
10. 白磷和红磷燃烧后都生成_____,燃烧时在空气中产生_____。
11. 氯气不能使干燥的有色布条褪色,但是氯气能使湿润的有色布条褪色,是因为氯气与_____(填化学式)反应生成了_____(填化学式),反应方程式为_____
_____。
12. 新制氯水呈_____色,说明溶液中有_____分子存在;向氯水中加入锌粉,立即有_____生成,说明氯水中含有_____离子,蓝色石蕊试纸遇到氯水后,先变_____,接着_____,这是因为_____;氯水经光照后放出气体,该反应的化学方程式为_____。

三、判断题

1. 硫是一种化学性质比较活泼的非金属单质,所以硫在自然界里只能以化合态存在。
( )
2. 氮只有 NO 和 NO_2 两种氧化物。( )
3. 氮气既不能燃烧,也不能支持燃烧,因此带火星的木条在氮气中会熄灭。( )
4. 干燥的有色布条在氯气中能褪色。( )
5. 氯是化学性质非常活泼的非金属元素,所以自然界里中氯只能以化合态存在。( )
6. 潮湿的氯气或氯水有漂白、杀菌作用,是因为生成了次氯酸。( )
7. 次氯酸不稳定,容易分解放出氯气。( )

(二)常见非金属元素的气态氢化物

一、单项选择题

1. 不能用排空气法收集的气体是( )。
   A. NO　　　　　　　　　　B. CH_4
   C. NH_3　　　　　　　　　D. SO_2

2. 氨能用来表演喷泉实验,这是因为它(　　)。
   A. 比空气轻　　　　B. 是弱碱　　　　C. 极易溶于水　　　　D. 在空气里不燃烧

3. 常温下能发生反应的一组气体是(　　)。
   A. NH_3、HCl　　B. N_2、O_2　　C. H_2、CO　　D. CO_2、O_2

4. 下列关于氨气的性质描述,不正确的是(　　)。
   A. 无色
   B. 极易溶于水
   C. 密度比空气大
   D. 有刺激性气味

5. 下列操作不能用于检验 NH_3 的是(　　)。
   A. 气体使湿润的酚酞试纸变红
   B. 气体能使湿润的红色石蕊试纸变蓝
   C. 气体与蘸有浓 H_2SO_4 的玻璃棒靠近
   D. 气体与蘸有浓盐酸的玻璃棒靠近

6. 氨是一种重要的制冷剂,这是因为(　　)。
   A. 氨分子中氮的化合价为 -3 价
   B. 氨在常温下是一种气体
   C. 氨极易溶于水
   D. 氨易液化,液氨汽化时吸收大量的热

7. 下列气体易液化且遇挥发性酸时冒白烟,宜作制冷剂的是(　　)。
   A. N_2　　　　B. NH_3　　　　C. NO　　　　D. NO_2

8. 在实验室中,可以用金属铁和(　　)制备氢气。
   A. KI　　　　B. Cl_2　　　　C. Br_2　　　　D. HCl

9. 浓盐酸在空气中会产生白雾,是因为(　　)。
   A. 浓盐酸在空气中发生了分解生成了氯气
   B. 浓盐酸在空气中被氧气氧化了
   C. 浓盐酸与二氧化碳发生了化合反应
   D. 浓盐酸挥发出的氯化氢在空气中遇到水蒸气形成盐酸小液滴

10. 下列不属于盐酸的性质的是(　　)。
    A. 盐酸长期放置在空气中的质量增大
    B. 工业上可以用盐酸清洗钢铁制品表面的铁锈
    C. 盐酸能够使紫色的石蕊试液显红色
    D. 盐酸可以用于制备多种氯化物

11. 氯化氢能用来表演喷泉实验,这是因为它(　　)。
    A. 比空气略重
    B. 水溶液显酸性
    C. 极易溶于水
    D. 有刺激性气味

12. 实验室用石灰石和稀盐酸来制取二氧化碳,应用的是盐酸的(　　)。
    A. 稳定性
    B. 氧化性
    C. 还原性
    D. 强酸性

13. 下列气态氢化物,最稳定的是(　　)。
    A. HI　　　　B. HBr　　　　C. HCl　　　　D. HF

14. 氨气是一种重要的化工原料。下列关于氨气性质的描述,不正确的是(　　)。
   A. 有刺激性气味、密度比空气小
   B. 遇氯化氢产生白烟
   C. 能使湿润的蓝色石蕊试纸变红
   D. 其水溶液能使酚酞溶液变红

二、填空题

1. 硫化氢是一种_____色、有_____气味的气体,有_____,所以是一种_____。硫化氢的水溶液叫_____,受热时易挥发出_____气体。
2. 氨气是_____色、有_____性气味的气体,_____溶于水。氨气的密度比空气的密度_____,液态氨在汽化时_____热,利用这一性质,液氨常用作_____。
3. 右图是实验室制取氨气的装置图,请回答:
   (1)实验室制取氨气的化学方程式为_____。
   (2)因为氨气的密度比空气的_____(填"大"或"小"),所以收集氨气的方法是_____(填序号)。
   ①向上排空气法　②向下排空气法
   (3)干燥氨气可选用的试剂是_____(填序号)。
   ①碱石灰　②浓硫酸
4. _____能在氯气中燃烧产生大量白雾,这是因为生成的_____与空气中的水蒸气结合成_____小液滴。
5. 实验室常用_____溶液来检验盐酸,化学方程式为_____。

三、判断题

1. 把湿润的红色石蕊试纸放在收集氨气的试管口,若试纸变蓝色,证明氨气已经收满。(　　)
2. 液态氨汽化时要吸收很多热量,所以氨可用作制冷剂。(　　)
3. 液态氯化氢叫作盐酸。(　　)
4. 盐酸在工业中可以用来除铁锈。(　　)
5. 利用氯化氢极易溶于水的性质可制作喷泉实验。(　　)
6. 盐酸能使酚酞试液变红。(　　)
7. 卤素单质中氧化能力最弱的是碘单质。(　　)
8. 卤素单质的非金属性从F_2到I_2递减,Cl_2可以在KI中置换出I_2。(　　)

(三)常见非金属氧化物及含氧酸

一、单项选择题

1. 下列物质可造成酸雨的是(　　)。
   A. CO_2　　　　　　　　　　B. SO_2
   C. Cl_2　　　　　　　　　　D. CO

2. 下列气体通入品红溶液中。溶液褪色,加热后溶液又恢复为原来颜色。该气体是( )。
   A. O_2　　　　　　B. N_2　　　　　　C. SO_2　　　　　　D. CO_2

3. SO_2 是大气主要污染物之一,造成大气中 SO_2 含量急剧增加的主要原因是( )。
   A. 实验室逸出的 SO_2
   B. 火山爆发产生的 SO_2
   C. 燃烧煤和石油产生的 SO_2
   D. 硫酸厂排放废气中的 SO_2

4. 下列关于 SO_2 的性质描述,正确的是( )。
   A. 无毒　　　　　　B. 无色　　　　　　C. 无味　　　　　　D. 难溶于水

5. 下列有关 SO_2 的说法,不正确的是( )。
   A. SO_2 是污染大气的有害气体之一
   B. SO_2 在大气中与水反应直接生产硫酸,产生酸雨
   C. SO_2 可使澄清石灰石变浑浊
   D. SO_2 能使品红溶液褪色,加热溶液颜色恢复

6. 下列溶液能盛放在密闭的铁容器中的是( )。
   A. 浓盐酸　　　　　B. 浓硫酸　　　　　C. 稀硫酸　　　　　D. 硫酸铜溶液

7. 实验室制取的气体不能用浓硫酸干燥的是( )。
   A. O_2　　　　　　B. H_2　　　　　　C. NH_3　　　　　　D. CO_2

8. 浓硫酸可使蔗糖变黑,是因为它的( )。
   A. 氧化性　　　　　B. 酸性　　　　　　C. 吸水性　　　　　D. 脱水性

9. 下列关于硫酸的认识,不正确的是( )。
   A. 是一种强酸
   B. 浓硫酸能使硫酸铜晶体变成白色
   C. 硫酸不能与铜反应
   D. 常温下浓硫酸可使铝发生钝化

10. 下列关于浓硫酸的叙述,正确的是( )。
    A. 浓硫酸具有吸水性,因而能使蔗糖炭化
    B. 浓硫酸在常温下可迅速与铜片反应放出二氧化硫气体
    C. 浓硫酸是一种干燥剂,能够与干燥氨气、氢气等气体
    D. 浓硫酸在常温下能够使铁、铝等金属钝化

11. 硝酸表现不稳定性的化学反应方程式是( )。
    A. $4HNO_3 = O_2\uparrow + 4NO_2\uparrow + 2H_2O$
    B. $C + 4HNO_3(浓) \xrightarrow{\triangle} CO_2\uparrow + 4NO_2\uparrow + 2H_2O$
    C. $3FeO + 10HNO_3(稀) = 3Fe(NO_3)_3 + NO\uparrow + 5H_2O$
    D. $CuO + 2HNO_3 = Cu(NO_3)_2 + H_2O$

12. 下列气体为红棕色并有刺激性气味的是( )。
    A. N_2O_4　　　　　B. N_2　　　　　　C. NO　　　　　　D. NO_2

13. 铝能在浓硝酸中被钝化,是因为浓硝酸具有( )。
    A. 强酸性
    B. 强腐蚀性
    C. 强氧化性
    D. 挥发性

14. 关于硝酸化学性质的叙述,正确的是(　　)。
    A. 浓、稀硝酸都有强氧化性,都能使铁、铝钝化
    B. 浓硝酸有强氧化性,稀硝酸没有强氧化性
    C. 浓硝酸能溶解金和铂等不活泼金属
    D. 浓硝酸因分解放出 NO_2 又溶于硝酸中而使它呈黄色

15. 右图为酸雨的形成过程示意图。下列说法不正确的是(　　)。
    A. 汽车尾气是导致酸雨的原因之一
    B. 酸雨会使土壤、湖泊酸化
    C. 酸雨形成过程中不涉及氧化还原反应
    D. 燃煤中加入生石灰是防治酸雨的方法之一

16. 下列有关酸雨的说法,正确的是(　　)。
    A. 凡是呈酸性的雨水都称为酸雨
    B. 酸雨的形成只与 SO_2 的排放有关
    C. 煤的脱硫可以在一定程度上防止酸雨的形成
    D. 为了不形成酸雨,应停止使用一切化石燃料

17. 下列关于硫及其化合物的叙述,正确的是(　　)。
    A. 硫黄是一种易溶于水的黄色晶体
    B. 二氧化硫的水溶液显酸性
    C. 二氧化硫是黄色易溶于水的有毒气体
    D. 二氧化硫不稳定,极易转化为三氧化硫

18. 下列溶液能盛放在密闭的铁容器中的是(　　)。
    A. 浓盐酸　　　B. 浓硫酸　　　C. 稀硫酸　　　D. 硫酸铜溶液

19. 下列气体过量排放不会导致酸雨的是(　　)。
    A. SO_2　　　B. CO_2　　　C. NO_2　　　D. NO

20. 下列关于浓硫酸和稀硫酸的叙述,正确的是(　　)。
    A. 都能作干燥剂　　　　　　　　B. 加热时都能与铜发生反应
    C. 都具有一定的氧化性　　　　　D. 在常温下都能用铁制容器贮存

21. 下列有关硫酸的说法,不正确的是(　　)。
    A. 常温下浓硫酸与铜反应,浓硫酸体现氧化性和酸性
    B. 浓硫酸与木炭粉加热发生反应时,浓硫酸只作氧化剂
    C. 浓硫酸具有吸水性,可用来干燥二氧化硫
    D. 蔗糖与浓硫酸的作用中,浓硫酸体现脱水性和氧化性

22. 下列关于浓硫酸与稀硫酸的说法,不正确的是(　　)。
    A. 浓硫酸有脱水性,稀硫酸没有脱水性
    B. 浓硫酸有氧化性,稀硫酸没有氧化性
    C. 浓硫酸和稀硫酸都有酸性
    D. 常温下,浓硫酸和稀硫酸都不能与铜反应

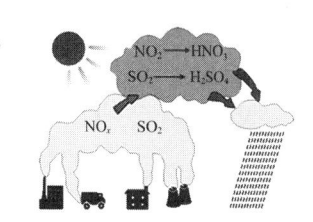

23. 用硝石(NaNO₃)和浓硫酸反应能制取硝酸,该反应利用了浓硫酸的(　　)。
    A. 强酸性　　　　B. 难挥发性　　　　C. 脱水性　　　　D. 强氧化性

24. 盛有浓硫酸的烧杯敞口放置一段时间后,质量增加,是因为浓硫酸具有(　　)。
    A. 吸水性　　　　B. 脱水性　　　　C. 强氧化性　　　　D. 酸性

25. 在下列有关硫酸的化学反应中,不表现硫酸氧化性的是(　　)。
    A. 浓硫酸与铝的反应　　　　B. 浓硫酸与木炭的反应
    C. 稀硫酸与锌的反应　　　　D. 稀硫酸与纯碱的反应

26. 浓 H_2SO_4 在加热的条件下,可以和 Cu 等不活泼金属反应,释放出 SO_2 气体,是因为浓 H_2SO_4 具有(　　)。
    A. 吸水性　　　　B. 脱水性　　　　C. 强氧化性　　　　D. 强酸性

27. 下列现象和浓硫酸的脱水性有关的是(　　)。
    A. 浓硫酸可作氯气的干燥剂
    B. 浓硫酸加到蔗糖中,蔗糖变黑
    C. 浓硫酸加到胆矾上,蓝色晶体变成白色粉末
    D. 浓硫酸在加热条件下可与铜等不活泼金属反应

28. 浓 H_2SO_4 能干燥氯气,是利用了浓 H_2SO_4 的(　　)。
    A. 强酸性　　　　B. 吸水性　　　　C. 脱水性　　　　D. 强氧化性

29. NO_2 是一种主要的大气污染物。下列关于 NO_2 性质的描述,不正确的是(　　)。
    A. 无色　　　　　　　　　　B. 易溶于水
    C. 有刺激性气味　　　　　　D. 密度比空气的大

30. 硝酸是一种重要的化工原料。下列关于浓硝酸的说法,不正确的是(　　)。
    A. 常温下铜在浓硝酸中发生钝化　　　B. 光照易分解
    C. 能与碳反应说明其具有强氧化性　　D. 露置于空气中溶液浓度降低

31. 浓硝酸应避光保存是因为它具有(　　)。
    A. 强氧化性　　　　B. 强酸性　　　　C. 挥发性　　　　D. 不稳定性

32. 下列关于 NO 的描述,不正确的是(　　)。
    A. 无色气体　　　　　　　　B. 可用排空气法收集
    C. 难溶于水　　　　　　　　D. 由 N_2 和 O_2 在雷电作用下合成

二、填空题

1. 二氧化硫是一种_____色且具有_____气味的气体,有_____,所以是一种大气_____物。它溶于水后生成_____。在相同条件下,生成的_____又容易分解为_____和_____。

2. 硫酸具有以下性质:A. 强氧化性;B. 脱水性;C. 吸水性;D. 难挥发性;E. 酸性。按硫酸在下列各小题中与各种物质反应时所表现的性质,将字母填在横线上。
   (1)实验室用稀硫酸和锌粒制取氢气:_____。
   (2)实验室用浓硫酸和氯化钠晶体共热制取氯化氢:_____。
   (3)实验室用浓硫酸干燥氢气:_____。

(4)浓硫酸用铝槽车或铁槽车贮运：_____。

(5)浓硫酸使蔗糖炭化变黑：_____。

3. 工业上制取硫酸的化学方程式是：_____、_____、_____。

4. SO_2 通入品红溶液，现象为_____，体现了 SO_2 的_____性；加热后，现象为_____。

5. 常见漂白性物质有：SO_2、O_3、$HClO$、H_2O_2、Na_2O_2、活性炭等，其中因强氧化性而漂白的有：_____，加热后颜色_____（填"能"或"不能"）复原，因化合而漂白的有：_____，加热后颜色_____（填"能"或"不能"）复原。

6. 将下列性质的序号，填入题后面对应的括号中：
   A. 吸水性　　　　B. 脱水性　　　　C 酸性　　　　D. 强氧化性
   (1)将胆矾放入装有浓 H_2SO_4 的干燥器中，过一段时间胆矾变白色：_____。
   (2)在烧杯中放入蔗糖，滴入浓 H_2SO_4 变黑，并产生大量气体：_____。
   (3)在稀 H_2SO_4 中放入铝片就产生 H_2：_____。
   (4)在冷浓 H_2SO_4 中放入铝片没明显现象：_____。

7. 浓硫酸具有强氧化性，它与铜反应的化学方程式为_____。

8. 铜与浓硫酸发生反应的化学方程式为 $Cu+2H_2SO_4(浓)=\!=\!=CuSO_4+SO_2\uparrow+2H_2O$，其中铜元素的化合价_____（填"升高"或"降低"），被_____（填"氧化"或"还原"，下同），浓 H_2SO_4 作为_____剂；在该反应中，若消耗了 0.5 mol Cu，则标准状况下生成 SO_2 的体积约为_____ L；反应产生的气体通入品红溶液中现象是_____。

9. 下列事实反映了硝酸的哪些性质？将不稳定性、强氧化性、强酸性填在对应横线上。
   ①硝酸应贮存在棕色试剂瓶中：_____；
   ②实验室制 H_2 或 SO_2 都不能使用硝酸：_____；
   ③Ag 与稀硝酸作用制取 $AgNO_3$：_____；
   ④可用稀硝酸与 $CaCO_3$ 作用制取 CO_2：_____。

10. 浓硝酸保存在棕色瓶中的原因，写出化学方程式_____。

11. 工业制硝酸的三个化学方程式：_____、_____、_____。

三、判断题

1. SO_2 的漂白作用实质上是它能与某些有色物质化合生成无色物质，这种物质受热和光照容易分解而使有色物质恢复原来的颜色，因此这种漂白不稳定。（　　）

2. 二氧化硫是亚硫酸的酸酐。（　　）

3. 硫酸是一种高沸点难挥发的强酸。（　　）

4. 稀释浓硫酸时，千万不能把浓硫酸倒入水中，一定要把水沿着器壁慢慢注入浓硫酸中，并不断搅拌。（　　）

5. 浓硫酸能与锌起反应放出氢气，与铜加热时不起反应。（　　）

6. 硝酸应盛在棕色瓶，贮放在黑暗的地方，冷的浓硝酸可盛放在铝制容器中。（　　）

(四)重要的非金属离子检验

一、单项选择题

1. 检验试管中某白色固体为铵盐的正确方法是（　　）。
   A. 将固体加热，用湿润的红色石蕊试纸在试管口检验
   B. 加水溶解，用红色石蕊试纸测定溶液的酸碱性
   C. 加入 NaOH 溶液，加热，滴入酚酞试液
   D. 加入 NaOH 溶液，加热，用湿润的红色石蕊试纸在试管口检验

2. 下列物质与 $AgNO_3$ 溶液反应后，产生白色沉淀且沉淀不溶于稀 HNO_3 的是（　　）。
   A. NaBr　　　　B. NaI　　　　C. Na_2CO_3　　　　D. NaCl

3. 为检验某无色溶液的成分，某同学做实验如下：取少量该溶液放入试管中，加入稀盐酸酸化，无明显现象，再加入 $BaCl_2$ 溶液，有白色沉淀产生。该溶液是（　　）。
   A. $AgNO_3$ 溶液　　B. NaCl 溶液　　C. Na_2CO_3 溶液　　D. Na_2SO_4 溶液

4. 下列是对某些离子的检验及结论，一定正确的是（　　）。
   A. 加入稀盐酸产生无色气体，将气体通入澄清石灰水中，溶液变浑浊，一定有 CO_3^{2-}
   B. 加入氯化钡溶液有白色沉淀产生，再加盐酸，沉淀不消失，一定有 SO_4^{2-}
   C. 加入氢氧化钠溶液并加热，产生的气体能使湿润红色石蕊试纸变蓝，一定有 NH_4^+
   D. 加入碳酸钠溶液产生白色沉淀，再加盐酸白色沉淀消失，一定有 Ba^{2+}

5. 只用一种试剂就能鉴别出 Na_2CO_3、$BaCl_2$、NaCl 三种溶液，这种试剂是（　　）。
   A. NaOH　　　　B. $CaCl_2$　　　　C. H_2SO_4　　　　D. $AgNO_3$

6. 下列试剂可一次性鉴别 KNO_3、$NaHCO_3$、$BaCl_2$ 三种溶液的是（　　）。
   A. 酚酞试剂　　B. 澄清石灰水　　C. 稀硫酸　　D. 碳酸钠溶液

7. 只用一种试剂就能鉴别出 NH_4Cl、Na_2SO_4、$(NH_4)_2CO_3$ 三种溶液，应选用（　　）。
   A. $BaCl_2$　　　　B. HCl　　　　C. NaOH　　　　D. $Ba(OH)_2$

8. 检验某未知溶液中是否含有氯离子，正确的操作是（　　）。
   A. 向未知溶液中加入硝酸银溶液，有白色沉淀产生
   B. 向未知溶液中加入硝酸银溶液，有白色沉淀产生，加入盐酸后，沉淀不消失
   C. 向未知溶液中加入稀硝酸酸化后，再加入硝酸银溶液，有白色沉淀产生
   D. 向未知溶液中加入稀盐酸酸化后，再加入硝酸银溶液，有白色沉淀产生

9. 鉴别氯水和盐酸两种物质时，最合适的试剂是（　　）。
   A. 硝酸银溶液
   B. 碘化钾淀粉溶液
   C. 碳酸钠溶液
   D. 酚酞溶液

10. 对某些离子检验及结论，正确的是（　　）。
    A. 加入硝酸银溶液生成黄色沉淀，再加盐酸，沉淀不消失，一定有 Br^-
    B. 加入氢氧化钠溶液并加热，产生的气体能使湿润的红色石蕊试纸变蓝，一定有 NH_4^+
    C. 加入氯化钡溶液有白色沉淀产生，再加盐酸，白色沉淀不消失，一定有 SO_4^{2-}
    D. 加入碳酸钠溶液产生白色沉淀，再加盐酸，白色沉淀消失，一定有 Ba^{2+}

11. 检验某溶液中是否含有 SO_4^{2-} 离子,常用的方法是(　　)。
   A. 取样,滴加 $BaCl_2$ 溶液,看是否有不溶于水的白色沉淀生成
   B. 取样,滴加稀盐酸酸化的 $BaCl_2$ 溶液,看是否有不溶于水的白色沉淀生成
   C. 取样,滴加稀盐酸,无明显现象,再滴加 $BaCl_2$ 溶液,看是否有不溶于水的白色沉淀生成
   D. 取样,滴加稀硫酸,再滴加 $BaCl_2$ 溶液,看是否有不溶于水的白色沉淀生成

二、填空题

1. 实验室常用＿＿＿＿＿＿＿(填化学式)溶液来检验盐酸,化学方程式为＿＿＿＿＿＿＿
＿＿。
2. 实验室检验某溶液中是否含有 SO_4^{2-} 的操作方法＿＿＿＿＿＿＿＿＿＿＿＿＿＿
＿＿。
3. 实验室检验某溶液中是否含有 Cl^- 的操作方法是:＿＿＿＿＿＿＿＿＿＿＿＿＿＿
＿＿。
4. 实验室常加热熟石灰和氯化铵来制取氨气,其化学方程式为＿＿＿＿＿＿＿＿＿＿
＿＿＿＿＿＿＿,制得的氨气可用＿＿＿＿＿＿＿＿法收集并用＿＿＿＿＿＿＿＿检验氨气是否收集满。

三、判断题

1. 如果向某溶液中加入 $AgNO_3$ 溶液,产生白色沉淀,再加入稀硝酸,沉淀不溶解,就可以判断溶液中一定含有 Cl^-。　　　　　　　　　　　　　　　　　　　　　　(　　)
2. 向某溶液中加入稀盐酸,产生能使澄清石灰水变浑浊的气体,则溶液中一定含有 CO_3^{2-}。
(　　)

(五)大气污染物与环境保护

一、单项选择题

1. 下列现象的产生与氮氧化物无关的是(　　)。
   A. 臭氧层空洞　　　　　　　　　B. 温室效应
   C. 光化学烟雾　　　　　　　　　D. 酸雨
2. 为改善空气质量而启动的"蓝天工程"得到了全民的支持。下列措施不利于"蓝天工程"实施的是(　　)。
   A. 推广使用燃煤脱硫技术,减少 SO_2 污染
   B. 实施绿化工程,防治扬尘污染
   C. 加快清洁能源的开发利用
   D. 加大石油、煤炭的开发速度,提倡使用化石燃料
3. 下列做法会加剧大气污染的是(　　)。
   A. 风力发电　　　　　　　　　　B. 焚烧秸秆
   C. 处理尾气　　　　　　　　　　D. 植树造林
4. 空气污染已成为人类社会面临的重大威胁。下列气体不会造成空气污染的是(　　)。
   A. NO_2　　　　B. Cl_2　　　　C. SO_2　　　　D. CO_2

5. 下列做法不能达到节能减排目的的是(　　)。
   A. 利用太阳能制氢
   B. 用家用汽车代替公交车
   C. 利用化石燃料制造燃料电池
   D. 用节能灯代替白炽灯

6. 下列关于化学和环境的叙述,错误的是(　　)。
   A. 燃煤时鼓入过量的空气可以减少酸雨的产生
   B. 利用汽车尾气催化装置可将尾气中的 NO 和 CO 转化为无害气体
   C. "煤改气""煤改电"等工程有利于减少雾霾
   D. 工业废气排放之前必须回收处理以防污染大气

7. 2014 年 11 月,北京召开 APEC 会议,期间空气质量一级优,天空被称为"APEC 蓝"。为了使"蓝天工程"可持续发展,下列做法正确的是(　　)。
   A. 直接排放工业废气　　　　　　B. 改进汽车尾气净化技术
   C. 采用焚烧方法处理垃圾　　　　D. 过度开采和使用化石燃料

8. 大气污染是指(　　)。
   A. 大气中含有少量的有毒、有害的物质
   B. 大气中有毒、有害物质可以自净到正常值
   C. 大气中某些有毒、有害物质的含量超过正常值或大气的自净能力
   D. 空气中氮气的含量大于氧气的含量

9. 我国发电总量构成中火力发电占比近八成,每年需燃烧大量的原煤来发电。其中煤的脱硫是一个必要环节,它所起的主要作用是防止(　　)。
   A. 光化学烟雾的形成　　　　　　B. 酸雨加剧
   C. 臭氧空洞扩大　　　　　　　　D. 温室效应

10. 防治大气污染、打赢蓝天保卫战,下列做法不应该提倡的是(　　)。
    A. 田间焚烧秸秆　　　　　　　　B. 开发使用清洁能源
    C. 积极鼓励植树造林　　　　　　D. 养成低碳生活习惯

11. 下列措施对实现"碳中和"不具有直接贡献的是(　　)。
    A. 进行生活垃圾分类　　　　　　B. 增加绿色植被
    C. 采取低碳生活方式　　　　　　D. 创新 CO_2 合成含碳能源的技术

12. 化学为实现社会可持续发展贡献巨大。下列说法错误的是(　　)。
    A. 以竹代塑,可减少白色污染
    B. 使用人工合成杀虫剂,对环境无影响
    C. 无纸化办公,可减少人工合成油墨的使用
    D. 使用无磷洗涤剂,可减少水体污染

13. 环保和可持续发展是当今社会重要的研究主题。下列说法不正确的是(　　)。
    A. 往燃煤中加入生石灰,可减少温室气体产生
    B. 推广风力发电、光伏发电有助于实现"碳中和"

C. 通过煤气化、液化等化学变化可以获得清洁的燃料

D. 合理使用化肥和农药,可以减少环境污染

二、填空题

1. 一氧化碳是一种_____色、_____味、_____溶于水的有_____气体,是含碳燃料不完全燃烧的产物。

2. 氮氧化物主要是指_____和_____两种,它们大部分来源于矿物燃料的高温燃烧过程。

3. 酸雨主要是_____和_____两种气体引起的。

4. NO_x 是汽车尾气中的主要污染物之一。

   (1) NO_x 能形成酸雨,由 NO_2 形成酸雨的化学方程式是_____。

   (2) 汽车发动机工作时的高温会引发 N_2 和 O_2 反应,反应的化学方程式是_____。

5. 对工业"三废"的处理如果不当,则会严重的污染周围环境。工业"三废"指的是_____、_____和_____。化学在工业"三废"治理方面发挥了重要的作用,如用石灰乳处理氯碱工业中的废气,则既可以减少_____(填化学式)气体对环境的污染,又可以得到漂白粉,有效成分是_____(填化学式)。

6. 现有:A. 氟氯烃; B. 二氧化碳; C. 二氧化硫; D. 废弃塑料制品; E. 富含氮、磷元素的污水。请你根据已有的环保知识填空(填序号):

   (1) 能形成酸雨的是_____。

   (2) 能破坏臭氧层的是_____。

   (3) 使水体富营养化的是_____。

   (4) "白色污染"的是_____。

   (5) 导致温室效应作用较大的是_____。

7. 环境污染已成为社会面临的重大威胁,下列为与环境污染有关的名词:

   A. 臭氧空洞 B. 光化学烟雾 C. 重金属污染 D. 水华与赤潮 E. 白色垃圾

   F. 酸雨

   请你根据已有的环保知识,选择上述名词的字母代号填空。

   (1) 大量使用聚乙烯制品造成的污染是_____。

   (2) 二氧化氮造成的空气污染为_____。

   (3) 富含氮、磷元素的污水造成的污染是_____。

   (4) 铅、汞、铜等造成的污染称为_____。

三、判断题

1. 大气污染是指空气中某些物质的浓度超过环境质量标准而引起的环境问题,对人体健康和生态系统产生危害。（   ）

2. 大气污染主要是由工业排放、机动车尾气排放和生物质燃烧等人类活动引起的。（   ）

3. 只要空气中存在有害物质,就属于大气污染。（   ）

4. 大气污染只影响人类的呼吸系统,不会对其他器官造成危害。（   ）

5. 大气污染物中,会破坏臭氧层的是二氧化碳。 （   ）
6. 可通过安装烟囱向高空排放污染气体,以保护环境。 （   ）
7. 推广原煤脱硫技术,降低燃煤的含硫量,可减少酸雨的发生。 （   ）
8. 实验结束后将所有的废液倒入下水道排出实验室,以免污染实验室。 （   ）
9. 化石燃料完全燃烧不会造成大气污染。 （   ）
10. 制二氧化氮时,用水或NaOH溶液吸收尾气。 （   ）
11. 废塑料制品属于可焚烧处理的垃圾。 （   ）
12. 工业废水中含有的酸、碱、盐,会造成水体污染。 （   ）
13. 氢氧燃料汽车的使用,可以有效减少城市空气污染。 （   ）

(六) 氟、碘与人体健康

一、单项选择题

1. 在我们的日常生活中出现了"加碘食盐""增铁酱油""高钙牛奶""富硒茶叶""含氟牙膏"等商品。这里的碘、铁、钙、硒、氟应理解为(   )。
   A. 元素　　　　　B. 单质　　　　　C. 分子　　　　　D. 氧化物
2. 医生建议患甲状腺肿大的病人多吃海带,这是由于海带中含丰富的(   )。
   A. 碘元素　　　　B. 铁元素　　　　C. 钾元素　　　　D. 锌元素
3. 分离碘和细沙最好的方法是(   )。
   A. 升华　　　　　B. 筛选　　　　　C. 萃取　　　　　D. 过滤
4. 下列物质与氢气反应程度最剧烈的是(   )。
   A. F_2　　　　　B. Cl_2　　　　　C. Br_2　　　　　D. I_2
5. 下列溶液加入淀粉溶液,溶液变蓝色的是(   )。
   A. KI　　　　　　B. Cl_2　　　　　C. Br_2　　　　　D. I_2
6. 下列物质不能使湿润的淀粉碘化钾试纸变蓝的是(   )。
   A. NaCl溶液　　　B. 氯水　　　　　C. 溴水　　　　　D. 碘水
7. 氟泰[氟化钠(NaF)、二氧化硅]是牙膏的主要成分,其作用不仅能帮助防止牙齿表面蛀牙,而且能显著降低根部蛀牙的发生率。这里的氟化钠和二氧化硅都属于(   )。
   A. 混合物　　　　B. 氧化物　　　　C. 单质　　　　　D. 化合物
8. 加"碘"食盐较少使用碘化钾,因为碘化钾口感苦涩且在贮藏和运输中易变化,目前加入的是(   )。
   A. KIO_3　　　　B. KIO　　　　　C. NaI　　　　　D. I_2
9. 中国有句名言:药补不如食补。碘是人体必需的微量元素,有"智力元素"之称,下列食物中含碘较多的是(   )。
   A. 鸡蛋　　　　　B. 橙汁　　　　　C. 葡萄　　　　　D. 海带
10. 我国政府为了消除碘缺乏病,在食盐中均加入一定量的"碘"。下列关于"碘盐"的说法错误的是(   )。
    A. "碘盐"就是NaI

B. "碘盐"就是适量的碘酸钾(KIO_3)与食盐的混合物

C. "碘盐"应保存在阴凉处

D. 使用"碘盐"时,切忌高温煎炒

11. 长期生活在缺碘山区,又得不到碘盐的供给,易患(　　)。

　　A. 甲状腺机能亢进　　B. 佝偻病　　C. 地方性甲状腺肿　　D. 糖尿病

二、填空题

1. 将湿润的淀粉碘化钾试纸放在氯气瓶口,反应生成的_____使淀粉试纸变为_____色,氯气与碘化钾的反应方程式：_____。

2. 碘是一种_____色固体,_____溶于水,易溶于_____溶剂,例如医疗上的消毒液碘酒就是碘单质的_____溶液。

3. 碘单质的特性反应是遇到淀粉显_____色。

4. 我国从1994年起推出全民食用加碘盐工程,一般在食盐中添加碘酸钾(KIO_3)。请回答下列问题：

　(1)成人如果长期缺碘,会引起的病症是_____(填字母)。

　　A. 佝偻病　　B. 甲状腺肿大　　C. 夜盲症

　(2)在瘦肉、胡萝卜、海带中,富含碘元素的是_____。

三、判断题

1. 单质碘可以使淀粉变蓝色。　　　　　　　　　　　　　　　　　　　　(　　)

2. 淀粉滴入碘化钾溶液中,溶液变蓝。　　　　　　　　　　　　　　　　(　　)

（七）用途广泛的无机非金属材料

一、单项选择题

1. 无机非金属材料可分为传统硅酸盐材料和新型无机非金属材料,用途相当广泛,在国民经济中占有相当重要的地位。下列各组产品中都属于传统硅酸盐材料的是(　　)。

　　A. 普通玻璃、水泥、砖瓦　　　　　　B. 高温结构陶瓷、生物陶瓷、压电陶瓷

　　C. 光导纤维、不锈钢、玻璃钢　　　　D. 有色玻璃、钢铁、合成树脂

2. 下列物质不含硅元素的是(　　)。

　　A. 水泥　　　　B. 漂白粉　　　　C. 光导纤维　　　　D. 普通玻璃

3. 下列关于物质用途的叙述,不正确的是(　　)。

　　A. 硅可用于制作半导体材料　　　　B. 二氧化硅可用于制造光导纤维

　　C. 石墨可用作绝缘材料　　　　　　D. 液氨可用作制冷剂

4. 光纤通讯是一种现代化通讯方式,制造光导纤维的主要材料是(　　)。

　　A. $CaSO_4$　　　B. SiO_2　　　C. $CaSiO_3$　　　D. $CaCO_3$

5. 可以直接用来制造半导体材料的是(　　)。

　　A. 二氧化硅　　B. 粗硅　　　C. 高纯硅　　　D. 硅酸盐

6. 无机非金属材料在信息科学、航空航天、建筑及能源等领域中得到广泛应用。下列无机非金属材料不属于含硅材料的就是(　　)。

A. 水泥 B. 钢化玻璃
C. 光导纤维 D. 石墨烯(单层或少层石墨)

7. 有些科学家提出硅是"21世纪的能源"。下列关于硅及其化合物的说法,正确的是(   )。

   A. SiO_2 是一种酸性氧化物,所以不和任何酸反应

   B. 高温下,工业制硅的反应方程式为 $C+SiO_2 \xrightarrow{\text{高温}} Si+CO_2$

   C. 光导纤维的主要成分是 SiO_2

   D. 太阳能发电板的主要材料是 SiO_2

8. 下列关于无机非金属材料的说法,正确的是(   )。

   A. 传统无机非金属材料是指:光导纤维、玻璃、水泥、陶瓷等硅酸盐材料
   B. 新型无机非金属材料虽然克服了传统无机非金属材料的缺点,但强度比较差
   C. 高温结构材料具有耐高温、耐酸碱腐蚀、硬度大、耐磨损、密度小等优点
   D. 传统无机非金属材料和新型无机非金属材料的主要成分都是硅酸盐

9. 硅被誉为无机非金属材料的主角,下列物品用到硅单质的是(   )。

   A. 陶瓷餐具 B. 石英钟表
   C. 计算机芯片 D. 光导纤维

10. 雕花玻璃是用下列物质中的一种对玻璃进行刻蚀而制成的。这种物质是(   )。

    A. 盐酸 B. 氢氟酸 C. 烧碱 D. 纯碱

11. 水晶的主要成分是 SiO_2,SiO_2 属于(   )。

    A. 混合物 B. 非金属单质 C. 氧化物 D. 有机物

12. 无机非金属材料在信息科学、航空航天、建筑及能源等领域中得到广泛应用。下列无机非金属材料不属于含硅材料的是(   )。

    A. 金刚砂 B. 钢化玻璃
    C. 光导纤维 D. 石墨烯

13. 民之自信来之国之强大,化学与生产生活密切相关,下列说法正确的是(   )。

    A. 陶瓷的主要原料是黏土,陶瓷可用于生产绝缘材料、卫生洁具等
    B. 硅在自然界中主要以单质形式存在
    C. 手机芯片和光导纤维的主要成分都是硅单质
    D. 石墨烯具有电阻率低、强度高等特点,是一种新型的化合物

14. 下列关于无机非金属材料的说法,不正确的是(   )。

    A. 高纯硅可用于制造半导体材料
    B. 二氧化硅制成的光导纤维,由于导电能力强而被用于制造光缆
    C. 氮化硅陶瓷属于新型无机非金属材料,可用于制造陶瓷发动机的受热面
    D. 氧化铝陶瓷属于新型无机非金属材料

15. 下列属于硅酸盐产品的是(   )。
    ①陶瓷餐具 ②水泥 ③光导纤维 ④太阳能电池 ⑤门窗玻璃
    A. ①②③ B. ①②⑤ C. ①②④ D. ②③⑤

16. 陶瓷是火与土的结晶,是中华文明的象征之一。陶瓷属于下列材料中的(　　)。
    A. 硅酸盐材料　　　B. 金属材料　　　C. 天然高分子材料　D. 合成材料
17. 下列各组物质均属于硅酸盐工业产品的是(　　)。
    A. 陶瓷、水泥　　　　　　　　　　　B. 水玻璃、玻璃钢
    C. 单晶硅、光导纤维　　　　　　　　D. 石膏、石英玻璃

二、填空题

1. 传统的无机非金属材料主要包括:_____、_____、水泥等,优点主要有_____,缺点主要是_____大。
2. 光纤通讯是一种现代化通讯方式,制造光导纤维的主要材料是_____。
3. 实验室盛放氢氧化钠溶液的试剂瓶不用玻璃塞,是因为玻璃中含有_____(填化学式),发生反应的化学方程式为_____,刻蚀玻璃发生反应的化学方程式为_____。
4. 人类科学的进步,基于材料的迅猛发展,人类在社会传统的玻璃、_____和_____三大硅酸盐产品的基础上,又开发了主要成分是_____的光导纤维、属于_____(填"天然"或"合成")材料的聚乙烯塑料等新型材料。

三、判断题

1. 二氧化硅是制造光导纤维的重要原料。　　　　　　　　　　　　　　　(　　)
2. 传统无机非金属材料是指玻璃、水泥、陶瓷等硅酸盐材料。　　　　　　(　　)
3. SiO_2 既能和 NaOH 溶液反应又能和 HF 溶液反应,所以是两性氧化物。(　　)
4. 玻璃容器可长期盛放各种酸。　　　　　　　　　　　　　　　　　　　(　　)
5. 硅是地壳中含量最多的非金属元素,其单质是灰黑色有金属光泽的固体。(　　)
6. 硅单质常用作半导体材料和光导纤维。　　　　　　　　　　　　　　　(　　)

第二节　常见金属单质及其化合物

(一)常见的金属单质

一、单项选择题

1. 下列有关钠的叙述,错误的是(　　)。
   A. 钠的还原性很强,可以用来冶炼金属钛、锆、铌等
   B. 钠的化学性质非常活泼,钠元素只能以化合态存在于自然界
   C. 钠是一种灰色的固体
   D. 钠的质地软,可用小刀切割
2. 在实验室中,通常将金属钠保存在(　　)。
   A. 水中　　　　　　　　　　　　　　B. 煤油中
   C. 四氯化碳中　　　　　　　　　　　D. 汽油中

3. 下列关于铁的反应,说法正确的是(　　)。
   A. 铁与氯气反应,生成氯化亚铁
   B. 铁与硫酸铜溶液反应,生成铜和硫酸铁
   C. 铁在高温下与水蒸气反应,生成四氧化三铁和氢气
   D. 铁与浓硫酸反应,会发生钝化现象,形成一层致密的氧化物薄膜

4. 下列关于铝的说法,不正确的是(　　)。
   A. 铝是地壳中含量最多的金属元素
   B. 铝的化学性质很活泼,但在常温下与空气中的氧气反应,其表面生成一层致密的氧化铝薄膜,从而阻止铝进一步被氧化
   C. 铝的密度小,硬度大,熔点高
   D. 铝具有良好的导电性、导热性和延展性

5. 下列关于金属铁的说法,正确的是(　　)。
   A. 铁是地壳中含量最多的金属元素
   B. 纯铁具有银白色的金属光泽,硬度很大
   C. 铁在潮湿的空气中容易生锈,主要生成四氧化三铁
   D. 铁能与盐酸反应,生成氯化亚铁和氢气

6. 下列关于铁的应用,错误的是(　　)。
   A. 铁是制造钢铁的主要原料,钢铁是现代社会广泛使用的金属材料
   B. 铁可以用来制造磁铁,因为铁具有磁性
   C. 铁合金(如不锈钢)具有良好的抗腐蚀性,广泛应用于厨具、医疗器械等领域
   D. 铁粉可以用作食品脱氧剂,因为铁能与食品中的氧气反应,延长食品保质期

7. 下列关于铝的反应,正确的是(　　)。
   A. 铝与氯气反应,生成氯化铝,同时放出大量的热,该反应是置换反应
   B. 铝与氢氧化钠溶液反应,生成偏铝酸钠和氢气,铝表现了酸性氧化物的性质
   C. 铝与氧化铁在高温下反应,生成铁和氧化铝,该反应是铝热反应,可用于冶炼高熔点金属
   D. 铝与浓硝酸反应,生成硝酸铝和二氧化氮,体现了铝的强还原性

8. 下列金属中,在常温下与水反应最剧烈的是(　　)。
   A. 铁　　　　　　B. 镁　　　　　　C. 钠　　　　　　D. 铜

9. 下列关于铝的叙述,不正确的是(　　)。
   A. 铝是一种银白色的金属
   B. 铝的密度小,硬度大
   C. 铝的化学性质活泼,但在空气中能形成一层致密的氧化物薄膜,从而阻止内部的铝进一步被氧化
   D. 铝能与所有的酸发生置换反应,放出氢气

二、填空题

1. 铝与氢氧化钠溶液反应的化学方程式为_____。在这个反应中,铝是

_____(填"氧化"或"还原")剂,氢氧化钠的作用是_____。
2. 氧化铝与氢氧化钠溶液反应的化学方程式为_____。在这个反应中,氧化铝表现出_____(填"酸""碱"或"两")性。
3. 钠在空气中燃烧时,生成的产物是_____(填化学式),颜色为_____。
4. 分别写出反应①②涉及的方程式:_____;
_____。(每种反应写出一个方程即可)

```
         ┌──→ FeCl₂ ←────→ Fe(OH)₂
         │      ↕①           ↕②
   Fe ──┼──→ FeCl₃ ←────→ Fe(OH)₃
         │
         └──→ Fe₃O₄
```

5. 金属单质通常具有良好的_____性和_____性,这是金属作为导电材料和热传导材料的基础。
6. 某些金属单质,如铝等,在常温下能与空气中的_____反应,形成一层致密的氧化膜,从而保护内部金属不被进一步氧化。
7. 在金属活动性顺序表中,位于_____前面的金属单质能与稀酸(如稀硫酸、稀盐酸)发生置换反应,生成对应的金属盐和氢气。
8. 金属钠与氧气反应,在常温下生成_____,在加热时生成_____。
9. 铁在潮湿的空气中容易生锈,这是因为铁与空气中的_____和_____发生了化学反应。
10. 铝是一种活泼金属,但在空气中能形成一层致密的_____膜,从而阻止内部的铝进一步被氧化。

三、简答题

1. 简述金属钠的物理性质。

2. 简述铁在潮湿的空气中容易生锈的原因。

3. 铝在常温下就能与氧气反应,但铝制的高压电缆却很耐腐蚀,请说明原因。

4. 以下金属材料的用途,主要利用了金属的什么性质?
   (1)铝制饮料罐;(2)铁制铁锅。

(二)常见的金属氧化物和氢氧化物

一、单项选择题

1. 下列关于铝及其化合物的说法,正确的是(　　)。
   A. 铝在常温下不能与氧气反应
   B. 氧化铝是两性氧化物,既能与酸反应又能与碱反应
   C. 氢氧化铝能溶于强酸、强碱,但不溶于弱酸、弱碱
   D. 明矾可用作净水剂和消毒剂

2. 下列关于氧化铝的说法,正确的是(　　)。
   A. 氧化铝是两性氧化物,既能与酸反应又能与碱反应
   B. 氧化铝是碱性氧化物,能与酸反应生成盐和水
   C. 氧化铝是酸性氧化物,能与碱反应生成盐和水
   D. 氧化铝难溶于水,也不溶于任何酸或碱

3. 氢氧化铝具有两性,既能与酸反应又能与碱反应。下列反应中,不能体现氢氧化铝两性的是(　　)。
   A. $Al(OH)_3 + 3HCl = AlCl_3 + 3H_2O$
   B. $Al(OH)_3 + NaOH = NaAlO_2 + 2H_2O$
   C. $2Al(OH)_3 \stackrel{\triangle}{=\!=\!=} Al_2O_3 + 3H_2O$
   D. $Al(OH)_3 + H_2SO_4 = Al_2(SO_4)_3 + 3H_2O$

4. 下列关于铁的氧化物的说法,错误的是(　　)。
   A. 氧化亚铁是黑色粉末,能被磁铁吸引

B. 氧化铁是红棕色粉末,俗称铁红

C. 四氧化三铁是黑色晶体,具有磁性

D. 铁的氧化物都能与酸反应生成盐和水

5. 下列金属氧化物是红棕色的,且常用于制造涂料和颜料的是(　　)。
   A. 氧化铝　　　　B. 氧化铁　　　　C. 氧化铜　　　　D. 氧化镁

6. 下列金属氧化物能与水反应生成对应的碱,并放出大量热的是(　　)。
   A. 氧化钠　　　　B. 氧化铝　　　　C. 氧化铜　　　　D. 氧化铁

7. 下列金属氧化物难溶于水,但能溶于酸的是(　　)。
   A. 氧化钠　　　　B. 氧化钙　　　　C. 氧化镁　　　　D. 氧化铜

8. 下列关于金属氧化物和氢氧化物的说法,正确的是(　　)。
   A. 所有金属氧化物都能与水反应生成对应的碱
   B. 所有金属氢氧化物都是难溶于水的
   C. 金属氧化物与酸反应一定生成盐和水
   D. 金属氢氧化物与碱反应一定生成盐和水

9. 下列反应可以用来制备氢氧化铝的是(　　)。
   A. 铁与盐酸反应　　　　　　　　B. 铝与氢氧化钠溶液反应
   C. 可溶性铝盐与氨水反应　　　　D. 可溶性铝盐与氢氧化钠溶液反应

10. 氧化铝是一种(　　)。
    A. 酸性氧化物　　　　　　　　　B. 碱性氧化物
    C. 两性氧化物　　　　　　　　　D. 不成盐氧化物

二、填空题

1. 氢氧化铁与氢氧化钠不反应,但氢氧化铁能与硫酸反应,生成_____和水,其化学方程式为_____。

2. 氧化铁是一种常见的金属氧化物,它的颜色通常为_____,在化工、涂料等领域有广泛应用。

3. 氧化钠和过氧化钠都是钠的氧化物,但它们的性质有所不同。氧化钠与水反应可以生成氢氧化钠,而过氧化钠与水反应除了生成氢氧化钠外,还会放出_____。

4. 氢氧化钠是一种常见的金属氢氧化物,它的水溶液具有强烈的_____性,能够腐蚀许多物质。

5. 大多数金属氢氧化物在水中的溶解度较小,因此它们往往以_____的形式存在。

6. 氢氧化铁是一种红褐色的沉淀,它可以通过铁盐与碱反应制得。在这个过程中,铁离子的化合价由＋3价变为氢氧化铁中的_____价。

7. 氯化钠,俗称食盐,是人体必需的矿物质之一,它在水溶液中能解离出_____和_____。

8. 氧化铝(Al_2O_3)是一种高硬度的白色固体,常用于制造_____和陶瓷。

9. 氢氧化铝[$Al(OH)_3$]是一种两性氢氧化物,既能与酸反应也能与_____反应。

10. 氧化钠(Na_2O)是一种白色固体,它与水反应会生成_____色的氢氧化钠溶液。

三、简答题

1. 简述金属氧化物与酸的反应及其产物,试举例说明。

2. 如何制备金属氢氧化物?

3. 简述氧化钠与水反应的现象及产物,并解释其原因。

4. 什么是金属氧化物的两性?请举例说明,并写出相应的化学方程式。

(三)重要的金属离子检验

一、单项选择题

1. 下列方法能用于检验溶液中是否含有 Fe^{3+} 的是(   )。
   A. 观察溶液颜色是否为黄色
   B. 加入 NaOH 溶液,观察是否产生红褐色沉淀
   C. 加入 KSCN 溶液,观察溶液是否变红色
   D. 加入新制氯水,观察溶液是否变为黄色

2. 在实验室中,为了检验某未知溶液中是否含有钾离子,最简便且可靠的方法是(   )。
   A. 观察溶液的颜色
   B. 使用 pH 试纸测定溶液的酸碱性
   C. 进行焰色反应,观察火焰颜色
   D. 加入氯化钡溶液,观察是否有沉淀生成

3. 下列方法不能用于检验溶液中是否含有铜离子(Cu^{2+})的是（　　）。
   A. 观察溶液是否为蓝色
   B. 加入氢氧化钠溶液，观察是否产生蓝色沉淀
   C. 加入硫酸亚铁溶液，观察溶液颜色是否变化
   D. 加入硝酸银溶液，观察是否有沉淀生成
4. 下列关于金属离子检验的说法，正确的是（　　）。
   A. 所有金属离子的水溶液都有颜色
   B. 钾离子的焰色反应为紫色，需要透过蓝色钴玻璃观察
   C. 铁离子的检验只能通过观察溶液颜色
   D. 铜离子的检验只能通过与氢氧化钠反应生成蓝色沉淀
5. 在检验溶液中是否含有铝离子(Al^{3+})时，常用的试剂组合是（　　）。
   A. 氢氧化钠溶液和盐酸　　　　　　B. 硫酸铜溶液和氨水
   C. 氯化钡溶液和硝酸　　　　　　　D. 硝酸银溶液和氨水

二、填空题

1. 在检验溶液中是否含有铁离子(Fe^{3+})时，常用的试剂是_____，若溶液中含有铁离子，则加入该试剂后溶液会变为_____色。
2. 若要检验某溶液中是否含有铜离子(Cu^{2+})，可以直接观察溶液的颜色，若溶液为_____色，则可能含有铜离子；另外，加入_____溶液后产生蓝色沉淀，也可以证明溶液中含有铜离子。
3. 在检验铝离子(Al^{3+})时，可以加入过量的_____溶液，先产生白色沉淀，继续滴加至过量时沉淀溶解，再加入_____后沉淀又重新生成，此现象可以证明溶液中含有铝离子。

（四）重要的盐

一、单项选择题

1. 往不饱和碳酸钠溶液中加入或通入下列物质后，看不到明显反应现象的是（　　）。
   A. $Ca(OH)_2$ 溶液　　B. Na_2O_2 固体　　C. HCl 溶液　　D. CO_2
2. 下列物质露置于干燥的空气中，不发生变化的是（　　）。
   A. Na_2O　　　　　　　　　　　　B. Na_2O_2
   C. $NaHCO_3$　　　　　　　　　　　D. $Na_2CO_3 \cdot 10H_2O$
3. 除去 Na_2CO_3 固体中混有少量 $NaHCO_3$ 固体的最佳方法是（　　）。
   A. 加入盐酸　　　　　　　　　　　B. 通入 CO_2
   C. 加热至固体质量不再减少为止　　D. 加入 NaOH 溶液
4. 下列关于碳酸钠的说法，错误的是（　　）。
   A. 碳酸钠俗称纯碱，是一种重要的化工原料
   B. 碳酸钠的水溶液呈碱性，可以用于调节溶液的 pH 值
   C. 碳酸钠在烘焙面点时可以作为膨松剂使用
   D. 碳酸钠与盐酸反应会放出大量的热，并产生二氧化碳气体

5. 下列物质能与碳酸钠溶液反应并产生白色沉淀的是(　　)。
   A. 氢氧化钠　　　　B. 氯化钾　　　　C. 硝酸钙　　　　D. 硫酸铜
6. 下列关于铁盐的说法,正确的是(　　)。
   A. 铁盐的水溶液都呈现浅绿色
   B. 铁盐都能与碱反应生成氢氧化铁沉淀
   C. 铁盐在空气中都容易氧化变质
   D. 铁盐都可以用于净水,因为铁离子能水解生成具有吸附性的氢氧化铁胶体
7. 在实验室中,为了鉴别硫酸亚铁溶液和硫酸铁溶液,下列方法可行的是(　　)。
   A. 观察两种溶液的颜色
   B. 分别加入铁粉,观察是否有气泡产生
   C. 分别加入氢氧化钠溶液,观察沉淀的颜色
   D. 分别加入硫化氢溶液,观察溶液是否变红
8. 在实验室中,为了鉴别某种铵盐(假设为未知铵盐 X),下列方法可行的是(　　)。
   A. 观察铵盐 X 的颜色
   B. 闻铵盐 X 的气味
   C. 将铵盐 X 与碱混合加热,并用湿润的红色石蕊试纸检验产生的气体
   D. 直接测量铵盐 X 的熔点
9. 下列关于铵盐的说法,错误的是(　　)。
   A. 铵盐都是晶体　　　　　　　　　　B. 铵盐都能溶于水
   C. 铵盐受热都能产生氨气　　　　　　D. 铵盐都能与碱反应生成氨气
10. 下列关于铵盐性质的叙述,正确的是(　　)。
    A. 铵盐都是无色晶体,都易溶于水
    B. 铵盐不稳定,受热易分解,都有氨气产生
    C. 铵盐都能与碱反应生成氨气,实验室可用 NH_4Cl 和 $Ca(OH)_2$ 制取氨气
    D. 铵盐都能与酸反应,溶于水时,溶液温度都会降低

二、填空题
1. 硝酸钾是一种复合肥料,因为它同时含有植物生长所需的_____元素和_____元素。
2. 碳酸氢钠($NaHCO$)俗称小苏打,是焙制糕点所用的发酵粉的主要成分之一,它在加热时会分解产生_____、水和二氧化碳气体。
3. 碳酸钠俗称_____,是一种重要的_____盐。它在水中易溶,溶液呈_____性。
4. 硫酸铜是一种_____色晶体,其水溶液呈_____色。硫酸铜是制备其他铜化合物的重要原料,也是电解精炼铜时的_____液的主要成分。
5. 铵盐是含有_____根离子的盐,受热时,大多数铵盐都会分解生成相应的_____、_____或_____气体。
6. 在实验室中,检验铵根离子的方法是:取少量样品于试管中,加入_____溶液并加热,若产生的气体能使_____试纸变蓝,则说明原样品中含有铵根离子。

（五）重金属污染及防治

一、单项选择题

1. 下列关于重金属污染的说法，错误的是（　　）。
   A. 重金属污染主要指由重金属或其化合物造成的环境污染
   B. 重金属污染具有累积性，不易被生物降解
   C. 所有重金属元素都会对人体健康产生严重危害
   D. 重金属污染可能来源于工业废水、废气和固体废物的排放

2. 下列针对重金属污染的防治措施，不正确的是（　　）。
   A. 加强工业废水、废气和固体废物的处理，减少重金属排放
   B. 通过植树造林、绿化环境等生物措施来吸收和固定重金属
   C. 推广使用无铅汽油、无汞电池等环保产品，减少重金属使用
   D. 对于已经受到重金属污染的土地，可以采取深耕翻土、增加有机肥等措施进行修复

3. 下列重金属元素在环境中积累过多会对人体健康造成严重影响的是（　　）。
   A. 钠（Na）　　　　B. 钙（Ca）　　　　C. 铅（Pb）　　　　D. 钾（K）

4. 重金属污染进入人体的途径主要是（　　）。
   A. 空气吸入
   B. 食物摄入
   C. 皮肤接触
   D. 以上都是

5. 下列措施不能有效防治重金属污染的是（　　）。
   A. 减少重金属排放
   B. 使用重金属吸附剂
   C. 随意丢弃废旧电池
   D. 加强环境监管

6. 重金属污染对土壤的影响主要表现在（　　）。
   A. 降低土壤肥力
   B. 影响植物生长
   C. 污染地下水
   D. 以上都是

7. 下列方法可以用于检测水中的重金属含量是的（　　）。
   A. 气味检测
   B. 颜色观察
   C. 原子吸收光谱法
   D. 比重测量

8. 重金属污染对水生生态系统的影响不包括（　　）。
   A. 影响鱼类繁殖
   B. 破坏水生植物生态平衡
   C. 提高水质透明度
   D. 危害人类饮用水安全（间接影响）

9. 下列是减少重金属污染的有效个人行为的是（　　）。
   A. 使用无铅汽油
   B. 随意处理废旧电子产品
   C. 过度使用化肥农药
   D. 不分类投放垃圾

10. 重金属污染对农作物的影响主要表现在（　　）。
    A. 降低产量
    B. 影响品质
    C. 积累在作物体内危害人体健康
    D. 以上都是

二、判断题

1. 粗放型采矿活动是重金属污染的一个重要来源,因为开采和加工过程中会释放大量重金属到环境中。（   ）
2. 工厂排放不达标的废气和污水不会导致重金属污染,因为现代工厂能够完全回收和处理使用的所有重金属。（   ）
3. 重金属污染不仅对人类健康有严重影响,如神经系统损害,还可能破坏生态系统,影响生物体的生长、繁殖和遗传等过程。（   ）
4. 重金属污染主要是指由铅、汞、镉等重金属元素引起的环境污染。（   ）
5. 重金属在环境中容易被生物降解,因此不会长期积累。（   ）
6. 重金属污染主要来源于自然过程,如火山喷发和岩石风化。（   ）
7. 工厂排放的废水和废气只要经过处理就可以完全避免重金属污染。（   ）
8. 重金属污染对人类健康的主要影响是引起呼吸系统疾病。（   ）
9. 重金属污染对生态系统的影响主要体现在土壤和水体污染上。（   ）
10. 重金属污染的土地可以通过简单的深耕翻土来修复。（   ）

(六)合金的应用

一、单项选择题

1. 下列关于金属材料的说法,正确的是(   )。
   A. 金属材料包括纯金属以及它们的合金,合金是由两种或两种以上的金属与金属或非金属经一定方法所合成的具有金属特性的物质
   B. 所有金属材料在常温下都是固体,且导电、导热性能都很好
   C. 金属材料的硬度都很高,可以用于制造各种切削工具
   D. 金属材料都不会与酸发生反应

2. 下列不是生铁特性的是(   )。
   A. 硬度大   B. 抗压性好
   C. 性脆   D. 延展性好

3. 通过添加铬、镍等元素而可制成不锈钢的基础材料是(   )。
   A. 生铁   B. 铸铁   C. 纯铁   D. 钢

4. 与纯铝相比,铝合金的主要优点是(   )。
   A. 更高的硬度和强度   B. 更低的密度
   C. 更差的抗腐蚀性   D. 更高的导电率

5. 青铜是一种历史悠久的合金材料,它主要由_____元素组成,并因其_____特性而被广泛用于制造早期的武器和器具。填入划线处最合适的选项是(   )。
   A. 含铜和锌;具有良好的延展性和导电性
   B. 含铜、锡和铅;具有良好的强度、塑性、耐磨性和耐腐蚀性
   C. 含铜和镍;不易生铜绿,适合制作装饰品
   D. 含铜和铝;具有高强度和轻量化的特点

6. 钛合金因其独特的性能被广泛应用于多个高科技领域。下列不是钛合金的主要优点或典型应用的是（　　）。
   A. 用于制造人造地球卫星和载人飞船的结构件，利用其高强度和耐腐蚀性
   B. 在航海航天器中作为机体外壳、压力容器和燃料贮箱材料，因为其具有轻质和耐低温的特点
   C. 用作精密仪器中的齿轮材料，因为它有很高的硬度和耐磨性
   D. 制造医疗器械，如人工关节，得益于它的生物相容性和耐腐蚀性

7. 下列合金主要用于制造飞机、火箭等航空航天器的结构材料的是（　　）。
   A. 铝合金　　　　B. 铁合金（钢）　　　　C. 铜合金　　　　D. 锡合金

8. 下列合金因其优良的导电性和耐腐蚀性而被广泛用于电线、电缆制作的是（　　）。
   A. 镁合金　　　　　　　　　　　B. 铜合金（如黄铜）
   C. 钛合金　　　　　　　　　　　D. 不锈钢（铁合金）

9. 下列合金常用于制造硬币和珠宝的是（　　）。
   A. 铝合金　　　　　　　　　　　B. 镍合金（如白铜）
   C. 锌合金　　　　　　　　　　　D. 锡铅合金（焊锡）

10. 下列合金因其高强度、低密度和良好的抗腐蚀性而被广泛用于船舶和汽车制造的是（　　）。
    A. 铝合金　　　　B. 钛合金　　　　C. 锌合金　　　　D. 铁合金（钢）

二、填空题

1. 铝合金因其质轻、强度高、耐腐蚀性好等特点，被广泛应用于航空航天、汽车制造和_____等领域。
2. 钛合金因其高强度、低密度、耐腐蚀性、耐低温性和良好的_____性，在航空航天、航海、医疗等领域有广泛应用。
3. 不锈钢是通过向钢中添加_____、_____等元素制成的，具有优良的抗腐蚀性能。
4. 锌合金因其良好的铸造性能和_____性能，被广泛应用于制造各种压铸件和装饰品。
5. 形状记忆合金是一种特殊的合金材料，能够在特定条件下恢复其原始形状，这种合金在_____、医疗等领域有重要应用。
6. 储氢合金是一种能够储存和释放氢气的合金材料，在_____、燃料电池等领域有重要应用。
7. 高温合金能够在高温下保持优良的机械性能和_____性能，被广泛应用于航空航天发动机、燃气轮机等领域。

第五章 简单有机化合物及其应用

第一节 有机化合物的特点与分类

一、单项选择题

1. 有机化合物的特点不包括(　　)。
   A. 容易溶于水
   B. 碳链结构多样
   C. 官能团决定化学性质
   D. 化学反应类型丰富

2. 以下应用不属于有机化合物的应用范围的是(　　)。
   A. 制药　　　　B. 塑料制造　　　　C. 钢铁冶炼　　　　D. 合成纤维

3. 下列物质属于环状有机化合物的是(　　)。
   A. CH_4　　　　B. C_2H_4　　　　C. C_6H_6　　　　D. C_2H_2

4. 下面化合物的官能团是醛基的是(　　)。
   A. CH_3-COOH　　B. CH_3-CHO　　C. CH_3-OH　　D. CH_3-Cl

5. 有机化合物中的"Ar"指的是(　　)。
   A. 芳香环　　　　B. 烷基　　　　C. 卤素　　　　D. 羧基

6. 维生素E作为一种有机化合物,在食品中主要扮演的角色是(　　)。
   A. 抗氧化剂　　　　B. 防腐剂　　　　C. 发酵剂　　　　D. 增味剂

二、填空题

1. 有机化合物是一类以_____原子为核心组成的化合物。

2. 大多数有机物具有容易燃烧、不导电的特性,并且是非电解质,熔点和沸点通常较_____。

3. 按碳骨架分类,有机化合物可以分为链状有机化合物和_____有机化合物。

4. 乙醇的化学式是_____。

三、判断题

1. 芳香烃不是有机化合物的一种分类。(　　)

2. 有机化合物难以溶解于水而易于溶解于有机溶剂中。(　　)

3. 烯烃中的碳原子通过单键连接形成链状或环状结构。(　　)

4. 乙酸的官能团是羧基。(　　)

第二节　烃

一、单项选择题

1. 甲烷(CH_4)的空间结构是(　　)。
   A. 线性结构　　　　　　　　　　　B. V形结构
   C. 正四面体结构　　　　　　　　　D. 平面方形结构

2. 烷烃的通式是(　　)。
   A. C_nH_{2n}　　　B. C_nH_{2n+2}　　　C. C_nH_{2n-2}　　　D. C_nH_n

3. 甲烷的物理性质不包括(　　)。
   A. 无色无味　　　　　　　　　　　B. 密度比空气大
   C. 难溶于水　　　　　　　　　　　D. 熔点为-182.5℃

4. 甲烷的主要用途是(　　)。
   A. 化工原料　　B. 农业用途　　C. 主要能源　　D. 食品添加剂

5. 烯烃的通式是(　　)。
   A. C_nH_{2n}　　　B. C_nH_{2n+2}　　　C. C_nH_{2n-2}　　　D. C_nH_{2n+4}

6. 乙烯(C_2H_4)可以发生的化学反应类型是(　　)。
   A. 取代反应　　B. 加成反应　　C. 氧化反应　　D. 所有以上选项

7. 乙炔(C_2H_2)的俗名是(　　)。
   A. 天然气　　　B. 电石气　　　C. 水煤气　　　D. 石油气

8. 主要表现苯的化学性质的反应类型是(　　)。
   A. 取代反应　　B. 加成反应　　C. 氧化反应　　D. 所有以上选项

9. 在煤的干馏过程中不产生(　　)。
   A. 焦炭　　　　B. 煤气　　　　C. 煤焦油　　　D. 甲烷

10. 下列反应是甲烷的氧化反应的是(　　)。
    A. $CH_4 + Cl_2 \xrightarrow{光照} CH_3Cl + HCl$
    B. $CH_4 + 2O_2 \xrightarrow{点燃} CO_2 + 2H_2O$
    C. $CH_4 + H_2 \longrightarrow CH_3CH_3$
    D. $CH_4 + Br_2 \xrightarrow{催化剂} CH_3Br + HBr$

11. 乙炔与水在高温高压和催化剂作用下生成(　　)。
    A. 乙烯　　　　B. 乙醛　　　　C. 乙醇　　　　D. 乙酸

12. 甲烷与氯气在光照下发生反应,逐步生成一氯甲烷、二氯甲烷、三氯甲烷和四氯甲烷。这个过程的反应属于(　　)。
    A. 加成反应　　　　　　　　　　　B. 取代反应
    C. 氧化反应　　　　　　　　　　　D. 还原反应

13. 通过煤的干馏获得的主要固体产物是(　　)。
　　A. 焦炭　　　　B. 煤气　　　　C. 煤焦油　　　　D. 甲烷
14. 乙烯与氢卤酸(如 HCl)反应,生成(　　)。
　　A. 乙醇　　　　B. 乙醛　　　　C. 卤代乙烷　　　　D. 乙酸
15. 具有正四面体空间结构的是(　　)。
　　A. 乙烯　　　　B. 乙炔　　　　C. 甲烷　　　　D. 苯
16. 甲烷与氧气反应生成二氧化碳和水,这属于(　　)。
　　A. 取代反应　　　　　　　　　B. 加成反应
　　C. 氧化反应　　　　　　　　　D. 聚合反应
17. 乙烯与高锰酸钾溶液反应,溶液颜色由紫色变为棕色,这是由于发生了(　　)。
　　A. 取代反应　　　　　　　　　B. 加成反应
　　C. 氧化反应　　　　　　　　　D. 还原反应
18. 可以通过聚合形成聚乙烯的物质是(　　)。
　　A. 乙烯　　　　B. 乙炔　　　　C. 丙烯　　　　D. 丁烯

二、填空题

1. 甲烷的空间结构是_____。
2. 烷烃的通式为_____。
3. 甲烷在标准条件下是一种无色、无味且密度比空气_____的气体。
4. 乙烯(C_2H_4)与氢气反应生成_____。
5. 苯环上的氢原子可以被其他原子或基团取代,如_____、硝化和磺化反应。
6. 煤的干馏是在_____环境下加热煤,使其分解成固体、液体和气体产品。
7. 页岩油的开采通常需要_____技术。
8. 甲烷作为天然气的主要成分,广泛应用于_____和工业生产中。
9. 烷烃的同系物是指具有相同分子式但_____不同的化合物。
10. 乙烯的加成反应包括与卤素、水和_____的反应。
11. 苯环的稳定性来源于其分子结构中的_____。
12. 石油分馏过程可以得到多种馏分,其中包括汽油、_____等。
13. 煤焦油含有多种有机化合物,如苯、甲苯和_____等。
14. 甲烷的氧化反应主要表现为燃烧反应,生成二氧化碳和_____。
15. 丁烷有正丁烷和_____两种同分异构体。

三、判断题

1. 甲烷是最简单的烃类化合物,具有线性结构。　　　　　　　　　　　　　(　　)
2. 烷烃的通式为 C_nH_{2n}。　　　　　　　　　　　　　　　　　　　　　(　　)
3. 甲烷在标准条件下是一种无色、无味、密度比空气小的气体。　　　　　　(　　)
4. 甲烷的氧化反应主要表现为燃烧反应,生成二氧化碳和水。　　　　　　　(　　)
5. 乙烯的加成反应包括与氢气、卤素、水和氢卤酸的反应。　　　　　　　　(　　)
6. 苯环的稳定性来源于其分子结构中的大 π 键。　　　　　　　　　　　　 (　　)

7. 石油的分馏过程可以得到多种馏分,但不包括柴油。　　　　　　（　）
8. 煤的干馏过程中不产生煤气。　　　　　　　　　　　　　　　（　）
9. 石油和煤都是化石燃料,但煤不是化工原料的重要基础。　　　　（　）
10. 甲烷可以用作合成氨、甲醇和其他化学品的原料。　　　　　　（　）
11. 烷烃随着碳链长度增加,熔点和沸点降低。　　　　　　　　　（　）
12. 苯能够发生卤化、硝化和磺化等取代反应。　　　　　　　　　（　）
13. 乙烯可以通过聚合反应形成聚乙烯塑料。　　　　　　　　　　（　）
14. 乙炔常用于焊接工艺中。　　　　　　　　　　　　　　　　　（　）
15. 苯是一种淡黄色液体,具有甜味芳香气味。　　　　　　　　　（　）
16. 煤焦油是通过煤的干馏获得的一种重要化工原料。　　　　　　（　）
17. 石油分馏可以得到石油气、汽油、柴油等多种产品。　　　　　（　）
18. 甲烷的取代反应通常发生在光照或高温条件下。　　　　　　　（　）
19. 甲烷是生物气体的一部分,可通过有机物厌氧分解产生。　　　（　）
20. 烷烃的命名遵循IUPAC规则,选择最长碳链为主链。　　　　　（　）
21. 苯在氧气中燃烧生成二氧化碳和水。　　　　　　　　　　　　（　）
22. 甲苯常用作溶剂和化工原料。　　　　　　　　　　　　　　　（　）

第三节　烃的衍生物

一、单项选择题

1. 卤代烃的官能团是（　　　）。
   A. —OH　　　　　B. —CHO　　　　　C. —COOH　　　　　D. —X
2. 乙醇俗称（　　　）。
   A. 甲醇　　　　　B. 石炭酸　　　　　C. 酒精　　　　　　D. 醋酸
3. 苯酚俗称（　　　）。
   A. 石炭酸　　　　B. 甲醇　　　　　　C. 乙醇　　　　　　D. 乙醛
4. 乙酸乙酯是通过（　　　）。
   A. 酯化反应制得　　　　　　　　　　B. 氧化反应制得
   C. 加成反应制得　　　　　　　　　　D. 消去反应制得
5. 糖尿病患者的尿样中含有葡萄糖,在与新制的氢氧化铜悬浊液共热时,能产生砖红色沉淀。说明葡萄糖分子中含有（　　　）。
   A. 羰基　　　　　B. 醛基　　　　　　C. 羟基　　　　　　D. 羧基
6. 下列两种物质的混合物,能用分液漏斗分离的是（　　　）。
   A. 酒精和水　　　B. 水和乙酸　　　　C. 汽油和煤油　　　D. 乙酸乙酯和水
7. 下列物质能与金属钠反应放出氢气的是（　　　）。
   A. 乙醇　　　　　B. 苯酚　　　　　　C. 乙醛　　　　　　D. 乙酸

8. 在乙醇的下列性质中,属于化学性质的是(　　)。
   A. 易挥发　　　　B. 与水互溶　　　　C. 有香味　　　　D. 易燃烧

9. 在医用碘酒中,作为溶剂的是(　　)。
   A. 碘　　　　　　B. 乙醇　　　　　　C. 水　　　　　　D. 苯

10. 下列各组物质,前者是纯净物后者是混合物的组合是(　　)。
    A. 天然气、甲烷　　　　　　　　　B. 乙醇、医用酒精
    C. 甲烷、乙烯　　　　　　　　　　D. 石油、肥皂

11. 下列过程中涉及化学变化,且属于氧化还原反应的是(　　)。
    A. 家庭中经常用食醋浸泡有水垢的水壶
    B. 甘油加水作护肤剂
    C. 烹鱼时,加入少量的料酒和食醋可减少腥味,增加香味
    D. 交通警察用酸性重铬酸钾检查司机是否酒后驾车

12. 下列关于乙酸的描述,正确的是(　　)。
    A. 官能团为$-OH$　　　　　　　　B. 能使石蕊溶液变蓝
    C. 能与乙醇发生酯化反应　　　　D. 与乙酸乙酯的分子式相同

13. 下列物质中,可一次性鉴别乙酸、乙醇、苯及氢氧化钡溶液的是(　　)。
    A. 水　　　　　　B. 溴水　　　　　　C. 碳酸钠溶液　　　D. 硫酸钠溶液

14. 在酿酒的过程中,如果生产条件控制得不好,最后会闻到酸味。它可能是转化为(　　)而产生的味道。
    A. 乙醇　　　　　B. 乙醛　　　　　　C. 乙酸　　　　　　D. 乙酸乙酯

15. 某有机物的结构为 $HO-CH_2-CH=CH-CH_2-CH_2-COOH$,该有机物不可能发生的化学反应是(　　)。
    A. 水解　　　　　B. 酯化　　　　　　C. 加成　　　　　　D. 氧化

16. 下列有关酯类的叙述不正确的是(　　)。
    A. 酸与醇在强酸的存在下加热,可得到酯
    B. 乙酸和甲醇可发生酯化反应生成甲酸乙酯
    C. 酯化反应的逆反应称水解反应
    D. 果类和花草中存在着有芳香气味的低级酯

17. 下列说法正确的是(　　)。
    A. 冰醋酸是冰和醋酸的混合物
    B. 炒菜时,又加料酒又加醋,可使菜变得香美可口,因为有酯类物质生成
    C. 甲醛的水溶液叫"福尔马林",有防腐作用
    D. 工业酒精兑水稀释后和白酒是一样的

18. 下列关于乙醛物理性质的说法,不正确的是(　　)。
    A. 有刺激性气味　　B. 无色　　　　　C. 常温下为气体　　D. 与水混溶

19. 下列有机物中,可以发生银镜反应的是(　　)。
    A. 乙烯　　　　　B. 乙醇　　　　　　C. 乙酸　　　　　　D. 乙醛

20. 国家禁止用工业酒精制饮料酒,这是因为工业酒精中含有少量可使人中毒的(　　)。
    A. 甲醇　　　　　　B. 乙酸　　　　　　C. 乙酸乙酯　　　　D. 甘油
21. 苯酚与氯化铁溶液反应,会生成(　　)。
    A. 紫色络合物　　　　　　　　　　　B. 蓝色络合物
    C. 红色络合物　　　　　　　　　　　D. 黄色络合物
22. 乙醇与水的混合物,可以通过(　　)方法分离。
    A. 分液　　　　　　B. 蒸馏　　　　　　C. 过滤　　　　　　D. 沉淀
23. 乙酸乙酯的水解反应属于(　　)。
    A. 取代反应　　　　B. 酯化反应　　　　C. 水解反应　　　　D. 氧化反应
24. 在乙醛的银镜反应中,乙醛被氧化成(　　)。
    A. 乙酸　　　　　　B. 乙醇　　　　　　C. 乙醛酸　　　　　D. 乙醛酸盐
25. 苯酚的酸性比碳酸(　　)。
    A. 强　　　　　　　B. 弱　　　　　　　C. 相同　　　　　　D. 无法比较
26. 乙酸的官能团是(　　)。
    A. —OH　　　　　　B. —CHO　　　　　C. —COOH　　　　　D. —X
27. 乙醇可以被氧化成(　　)。
    A. 乙醛　　　　　　B. 乙酸　　　　　　C. 乙醚　　　　　　D. 乙烷
28. 乙醛和乙酸的反应类型是(　　)。
    A. 酯化反应　　　　B. 氧化反应　　　　C. 还原反应　　　　D. 取代反应
29. 乙酸乙酯的沸点比乙醇(　　)。
    A. 高　　　　　　　B. 低　　　　　　　C. 相同　　　　　　D. 无法确定
30. 肥皂的主要成分是(　　)。
    A. 脂肪酸　　　　　B. 脂肪醇　　　　　C. 脂肪酸盐　　　　D. 脂肪醚
31. 洗涤剂可以去油污。这是因为洗涤剂中的表面活性剂具有(　　)。
    A. 亲水性　　　　　B. 亲油性　　　　　C. 两亲性　　　　　D. 疏水性
32. 苯酚在空气中被氧化后的颜色是(　　)。
    A. 粉红色　　　　　B. 蓝色　　　　　　C. 绿色　　　　　　D. 黄色
33. 在乙醛的还原反应中,乙醛被还原成(　　)。
    A. 乙酸　　　　　　B. 乙醇　　　　　　C. 乙醚　　　　　　D. 乙烷
34. 乙酸甲酯的水解产物是(　　)。
    A. 乙酸和乙醇　　　　　　　　　　　B. 乙酸和乙醛
    C. 乙酸和甲醇　　　　　　　　　　　D. 乙酸和甲醚
35. 肥皂的去污原理主要基于其分子结构的(　　)。
    A. 两亲性　　　　　B. 单亲性　　　　　C. 疏水性　　　　　D. 疏油性
36. 合成洗涤剂的主要成分是(　　)。
    A. 烷基苯磺酸钠　　　　　　　　　　B. 烷基磺酸钠
    C. 脂肪酸　　　　　　　　　　　　　D. 脂肪醇

37. 食品添加剂的定义中不包括（　　）。
    A. 改善食品品质　　　　　　　　B. 防腐
    C. 加工工艺　　　　　　　　　　D. 增加食品重量

38. 食品添加剂的使用必须遵守（　　）。
    A. 个人口味　　　　　　　　　　B. 企业标准
    C. 国家相关法规和标准　　　　　D. 国际标准

39. 食品添加剂在合规使用下（　　）。
    A. 总是安全的　　　　　　　　　B. 通常是安全的
    C. 一定不安全　　　　　　　　　D. 无法确定

40. 下列关于乙醇的说法，不正确的是（　　）。
    A. 乙醇能与水以任意比互溶，故可以勾兑出不同酒精度的酒
    B. 乙醇密度比水小，故可以用分液的方法除去乙醇中的水
    C. 乙醇是很好的溶剂，故可以用乙醇来提取某些中药中的有效成分
    D. 乙醇易挥发，故有"好酒不怕巷子深"的说法

二、填空题

1. 卤代烃的官能团是_____。
2. 烃分子中的氢原子被其他原子或原子团取代而生成的化合物，称为_____。
3. 甲烷与氯气，在光照条件下的反应属于_____反应。
4. 乙酸分子是由_____和_____组成的，_____（化学式）是乙酸的官能团。
5. 乙醇，俗称_____，分子式是_____，它的结构式是_____。
6. 苯酚露置在空气中会发生氧化还原反应而呈_____色。
7. 苯酚和氢氧化钠溶液反应，会生成易溶于水的_____。
8. 乙醛的官能团是_____，其结构式为_____。

三、判断题

1. 凡是能发生银镜反应的物质，一定是醛。（　　）
2. 凡是烃基和羟基相连的化合物，一定是醇。（　　）
3. 乙醇与金属钠反应，生成乙醇钠和氢气。（　　）
4. 凡是结构里含有苯环和羟基的官能团的物质，一定是酚。（　　）
5. 苯酚在空气中容易被氧化。（　　）
6. 羧基是乙酸的官能团，羟基是乙醇的官能团。（　　）
7. 乙醇能与水以任意比互溶，故可以勾兑出不同酒精度的酒。（　　）
8. 乙酸和乙醇生成乙酸乙酯，该反应属于酸碱中和反应。（　　）
9. 乙醇密度比水小，故可以用分液的方法除去乙醇中的水。（　　）
10. 实验室中，由乙醇制备乙烯的反应属于水解反应。（　　）
11. 菲林试剂可以鉴别甲醛与乙醛。（　　）
12. 氯仿、酒精、乙醚是常用的有机溶剂。（　　）
13. 氯化铁溶液可用于鉴别苯酚和苯。（　　）

14. 苯酚与苯因都含有苯环,所以互为同系物。( )
15. 乙醇与金属钠能反应,且在相同条件下比水与金属钠的反应更剧烈。( )
16. "洗涤剂可以去油污",发生了化学变化。( )
17. 乙醇可以氧化为乙醛或乙酸。( )
18. 乙酸不能与水互溶。( )
19. 酚类和醇类具有相同的官能团,因而具有相同的化学性质。( )
20. 油脂是高级脂肪酸的甘油酯。( )
21. 溴乙烷在强碱的水溶液中共热下,可以发生取代反应生成乙醇。( )
22. 溴乙烷可以作为制造某些药物的关键原料或中间体。( )
23. 乙醇俗称酒精,分子式是 C_2H_6O。( )
24. 乙醇的密度比水大。( )
25. 乙醇在空气中能够燃烧,产生淡蓝色的火焰。( )
26. 乙醇可以被空气的氧气氧化,生成乙醛。( )
27. 乙醇的消去反应可以生成乙烯。( )
28. 苯酚俗称石炭酸,是具有特殊气味的无色针状晶体。( )
29. 苯酚在空气中被缓慢氧化呈粉红色。( )
30. 苯酚的酸性比碳酸强。( )
31. 乙醛是无色、有刺激性气味、难挥发的液体。( )
32. 乙醛可以被氧化为乙醇。( )
33. 乙酸是食醋的主要成分,普通食醋中含乙酸约为 6%~10%。( )
34. 乙酸具有明显的酸性,能与碳酸氢钠溶液反应放出 CO_2。( )
35. 乙酸乙酯是一种具有特殊香味的无色透明液体。( )
36. 乙酸乙酯在硫酸作用下,可以发生水解反应生成乙酸和乙醇。( )
37. 肥皂的去污原理主要基于其分子结构的两亲性。( )
38. 合成洗涤剂是由人工合成的表面活性剂和多种助剂复配而成的清洁剂。( )
39. 食品添加剂是为改善食品品质和色、香、味以及为防腐、保鲜和加工工艺的需要而加入食品中的人工合成或者天然物质。( )
40. 食品添加剂对人体健康都是造成危害,所以必须严厉禁止。( )

四、简答题

1. 往苯酚溶液中滴加溴水,产生白色沉淀,请写出相关化学方程式。

2. 用滴管吸取少量乙酸,滴在蓝色石蕊试纸上,观察试纸颜色的变化,并写出相关方程式。

3. 将绿豆大小的金属钠投入无水乙醇,会有什么现象?请写出相关方程式。

4. 在乙醛的银镜反应实验中,能观察到的现象是什么?请写出相关方程式。

第四节 学生实验:重要有机化合物的性质

一、单项选择题

1. 要检验酒精是否含水,最简单的方法是( )。
   A. 加入氯化钙粉末   B. 加入浓硫酸
   C. 加入硫酸铜晶体   D. 加入无水硫酸铜粉末

2. 下列物质可用于鉴别乙酸和乙醇的是( )。
   A. 盐酸溶液   B. 酸性 $KMnO_4$ 溶液
   C. 碳酸钠溶液   D. 氢氧化钠溶液

3. 皮肤上若沾有少量的苯酚,正确的处理方法是( )。
   A. 不必冲洗   B. 用酒精洗
   C. 用稀 NaOH 溶液中和洗   D. 用大于 70℃ 热水洗

4. 下列实验操作无法达到实验目的是( )。
   A. 除去乙酸乙酯中混有的少量乙酸,可加入 NaOH 溶液,再分液
   B. 将通入酸性高锰酸钾溶液中,溶液褪色,证明具有还原性
   C. 检验乙醇中是否含有水,可用无水 $CuSO_4$ 粉末
   D. 利用油脂在碱性条件下的水解反应,可制肥皂

5. 乙醇在浓硫酸和 170℃ 下的脱水反应,可能生成的产物是( )。
   A. 乙烷   B. 乙烯   C. 乙炔   D. 乙醚

6. 用括号内的试剂和分离方法除去下列物质中的少量杂质,不正确的是( )。
   A. 甲烷中混有乙烯(溴的四氯化碳溶液,分液)
   B. 乙醇中混有乙酸(NaOH 溶液,蒸馏)
   C. 乙酸乙酯中混有乙酸(饱和溶液,分液)
   D. 溴苯中混有溴(NaOH 溶液,分液)

7. 下列能与钠反应放出氢气的是(　　)。
　　①无水乙醇　②乙酸　③水　④苯
　　A. ①②　　　　　　B. ①②③　　　　　　C. ③④　　　　　　D. ②③④

8. $CH_3CH_2CH_2CHO$ 与 $CH_3CH_2COCH_3$ 的关系为(　　)。
　　A. 同系物　　　　B. 同系列　　　　C. 同位素　　　　D. 同分异构体

9. 醛与硝酸银的氨溶液的反应属于(　　)。
　　A. 加成反应　　　　　　　　　　B. 取代反应
　　C. 卤代反应　　　　　　　　　　D. 氧化反应

10. 乙酸甲酯的结构简式是(　　)。
　　A. CH_3COOCH_3　　　　　　　B. $HCOOCH_3$
　　C. $CH_3COOCH_2CH_3$　　　　　D. $HCOOCH_2CH_3$

11. 在下列反应中,乙醛被还原的是(　　)。
　　A. 乙醛的银镜反应　　　　　　　B. 乙醛制乙醇
　　C. 乙醛与新制氢氧化铜的反应　　D. 乙醛的燃烧反应

12. 在下列分子量相近的化合物中,沸点最高的是(　　)。
　　A. 正丙醇　　　　　　　　　　　B. 乙酸乙酯
　　C. 乙酸　　　　　　　　　　　　D. 丙醛

13. 使油脂水解反应进行到底需加入的物质是(　　)。
　　A. 氢氧化钠　　　　　　　　　　B. 盐酸
　　C. 乙醇　　　　　　　　　　　　D. 碘化氢

14. 在下列化合物中,既能溶于氢氧化钠溶液又能溶于碳酸氢钠溶液的是(　　)。
　　A. 苯甲醇　　　　　　　　　　　B. 苯乙醚
　　C. 苯酚　　　　　　　　　　　　D. 乙酸

15. 能与菲林试剂发生反应的化合物是(　　)。
　　A. 甲苯　　　　　　B. 乙醛　　　　　　C. 丙酮　　　　　　D. 苯甲醛

16. 下列家庭小实验不能达到预期目的的是(　　)。
　　A. 用热的纯碱溶液洗涤粘有油脂的餐具
　　B. 用鸡蛋白、食盐、水完成蛋白质的溶解、盐析实验
　　C. 用米汤检验食用加碘盐(含 KIO_3)中含有碘
　　D. 用灼烧方法鉴别羊毛布料和纯棉布料

17. 下列物质酸性由强到弱的顺序为(　　)。
　　①苯酚　②水　③乙醇　④碳酸
　　A. ①②③④　　　　　　　　　　B. ①②④③
　　C. ②③④①　　　　　　　　　　D. ④①②③

18. 下列化合物能与氢气反应,又能与菲林试剂反应生成砖红色沉淀的是(　　)。
　　A. C_6H_5CHO　　　　　　　　B. $CH_3CH_2CH_2CHO$
　　C. $CH_3COCH_2CH_3$　　　　　D. CH_3CH_2OH

19. 乙酸的 pH 小于 7,表明它是(　　)。
    A. 酸性的　　　　B. 碱性的　　　　C. 中性的　　　　D. 无法确定
20. 乙酸的酯化反应是一个(　　)。
    A. 可逆反应　　　B. 不可逆反应　　C. 取代反应　　　D. 氧化反应
21. 在苯酚的显色反应中,加入氯化铁溶液后溶液变为(　　)。
    A. 紫色　　　　　B. 蓝色　　　　　C. 红色　　　　　D. 无色
22. 乙酸的酸性比碳酸(　　)。
    A. 强　　　　　　B. 弱　　　　　　C. 相同　　　　　D. 无法比较
23. 苯酚与碳酸钠溶液反应(　　)。
    A. 不反应　　　　B. 生成沉淀　　　C. 溶液变浑浊　　D. 无明显变化
24. 在乙醛的银镜反应中,银镜的形成发生在(　　)。
    A. 试管底部　　　B. 试管壁上　　　C. 溶液中　　　　D. 试管盖
25. 乙醇的催化氧化反应中,铜丝作为(　　)。
    A. 反应物　　　　B. 催化剂　　　　C. 指示剂　　　　D. 溶剂
26. 苯酚在冷水中难溶,加热后可以(　　)。
    A. 增加溶解度　　B. 减少溶解度　　C. 无变化　　　　D. 无法确定
27. 乙醛与菲林试剂反应,必须在(　　)。
    A. 酸性条件下　　B. 碱性条件下　　C. 中性条件下　　D. 无法确定
28. 乙酸乙酯在饱和碳酸钠溶液中会(　　)。
    A. 分层　　　　　B. 不分层　　　　C. 溶解　　　　　D. 沉淀
29. 在乙醇的催化氧化反应中,铜丝作为(　　)。
    A. 反应物　　　　B. 催化剂　　　　C. 指示剂　　　　D. 溶剂
30. 苯酚在冷水中难溶,加热后可以(　　)。
    A. 增加溶解度　　B. 减少溶解度　　C. 无变化　　　　D. 无法确定

二、填空题

1. 在实验室制取乙烯的实验中,可采用_____法收集产物乙烯。
2. 苯酚有毒,它的浓溶液对皮肤有_____,使用时要小心。
3. 溴乙烷在强碱的浓醇溶液中加热,可发生_____反应。
4. 乙酸在水溶液中电离出的阳离子是_____。
5. 实验室用右图所示的装置制取乙酸乙酯,回答下列问题。
   (1)在大试管中配制一定比例的乙醇、乙酸和浓硫酸的混合液顺序是_____,然后轻轻振荡试管使之混合均匀。
   (2)浓硫酸在反应中的作用是_____。
   (3)实验中加热试管的目的是_____。
   (4)在加热的试管中常常加入少量碎瓷片的目的是_____。
   (5)实验中常用_____溶液来吸收生成的乙酸乙酯。

(6)制得的乙酸乙酯的密度比水_____(填"大"或"小"),可用_____法分离乙酸乙酯。

三、判断题
1. 乙醇与金属钠反应,比水与金属钠反应剧烈。( )
2. 苯酚在空气中氧化后,颜色会变为粉红色。( )
3. 乙醛的银镜反应中,银镜的形成是乙醛被还原的结果。( )
4. 乙酸的酯化反应是一个不可逆反应。( )
5. 苯酚的显色反应中,加入氯化铁溶液后溶液变为紫色。( )
6. 乙醛的银镜反应中,银镜的形成发生在试管壁上。( )
7. 乙酸的酸性比碳酸弱,因此不能与碳酸氢钠反应。( )
8. 乙醇的沸点高于水的沸点。( )
9. 苯酚与碳酸钠溶液反应会产生沉淀。( )
10. 乙醛的银镜反应中,银镜的形成是乙醛被氧化的结果。( )
11. 乙酸乙酯在饱和碳酸钠溶液中会分层。( )
12. 乙醇的催化氧化反应中,铜丝作为催化剂参与反应。( )
13. 苯酚在冷水中难溶,加热后可以增加其溶解度。( )
14. 乙醛与菲林试剂反应时,必须在酸性条件下进行。( )
15. 乙酸的pH值小于7,表明它是酸性的。( )
16. 乙醇与金属钠反应生成的乙醇钠是一种强碱。( )
17. 乙酸的酯化反应是一个可逆反应。( )
18. 苯酚的显色反应中,加入氯化铁溶液后溶液变为蓝色。( )

四、简答题
1. 往苯酚钠溶液中,通入二氧化碳,请描述现象,并写出该化学反应的方程式。

2. 甲醛与乙醛属于同系物,具有相似的化学性质。将甲醛与银氨溶液反应,在水浴中加热会反应,试着描述现象,并写出该化学反应的方程式。

3. 在乙醇的催化氧化实验中,铜丝在无水乙醇中反复插入和取出后,能观察到什么现象? 铜丝在这个过程承担了什么?

4. 在苯酚酸碱性测定实验中,当向苯酚溶液中滴加10%氢氧化钠溶液时,能观察到什么现象? 这如何说明苯酚的酸性?

5. 在苯酚的取代反应实验中,滴加饱和溴水后,能观察到什么现象?

6. 在乙酸的酯化反应实验中,观察到的酯的香味和液面分层现象说明了什么?

第六章 常见生物分子及合成高分子化合物

第一节 糖类

一、单项选择题

1. 糖类化合物最初被称为"碳水化合物"的主要原因是(　　)。
   A. 它们都由碳、氢、氧三种元素组成
   B. 它们的分子中都含有水分子
   C. 它们的氢原子和氧原子个数比恰好为 2∶1
   D. 它们的分子结构类似水分子

2. 下列糖类属于单糖的是(　　)。
   A. 蔗糖　　　　　　　　　　　　B. 麦芽糖
   C. 葡萄糖　　　　　　　　　　　D. 淀粉

3. 下列关于葡萄糖的描述,错误的是(　　)。
   A. 葡萄糖是人体新陈代谢的重要能源
   B. 葡萄糖的结构中含有醛基,因此具有还原性
   C. 葡萄糖在人体中经缓慢氧化释放出能量
   D. 葡萄糖的甜度高于蔗糖

4. 蔗糖水解的产物是(　　)。
   A. 葡萄糖和果糖　　　　　　　　B. 葡萄糖和半乳糖
   C. 果糖和半乳糖　　　　　　　　D. 葡萄糖和葡萄糖

5. 下列不是果糖特性的是(　　)。
   A. 果糖是自然界中最甜的糖
   B. 果糖在碱性条件下可以转化为醛糖
   C. 果糖与葡萄糖互为同分异构体
   D. 果糖不能发生银镜反应

6. 麦芽糖的主要来源是(　　)。
   A. 甘蔗
   B. 甜菜
   C. 麦芽或淀粉在酶作用下的水解产物
   D. 葡萄糖和果糖的混合物

7. 淀粉遇碘呈现的颜色是(　　)。
   A. 红色　　　　　B. 蓝色　　　　　C. 黄色　　　　　D. 绿色
8. 下列关于纤维素的说法,正确的是(　　)。
   A. 纤维素是人体消化道能直接水解的糖类
   B. 纤维素是构成植物细胞壁的主要成分
   C. 纤维素的水解产物主要是果糖
   D. 纤维素不能用于工业生产中
9. 能证明淀粉已完全水解的现象是(　　)。
   A. 能发生银镜反应　　　　　　　　　B. 能溶于水
   C. 有甜味　　　　　　　　　　　　　D. 遇碘不再变蓝
10. 分别加入适量下列物质,能使淀粉—KI溶液变蓝的是(　　)。
    A. NaCl　　　　　B. Fe 粉　　　　　C. 盐酸　　　　　D. 新制氯水
11. 下列关于多糖的认识,正确的是(　　)。
    A. 淀粉在人体内直接水解生成葡萄糖
    B. 淀粉属于糖类,有甜味
    C. 棉花的主要成分是纤维素
    D. 纤维素有还原性,水解最终产物是葡萄糖
12. 下列有关糖类物质的叙述,正确的是(　　)。
    A. 由碳、氢、氧三种元素组成的有机物属于糖类
    B. 糖类物质又叫碳水化合物,因此所有的糖类均可用通式 $C_n(H_2O)_m$ 来表示
    C. 糖类物质和碳水化合物没有实质的联系
    D. 糖类可以分为单糖和多糖
13. 下列关于淀粉和纤维素两种物质的说法,不正确的是(　　)。
    A. 二者都属于糖类,且都是高分子化合物
    B. 二者含 C、H、O 三种元素的质量分数相同,且互为同分异构体
    C. 二者都能水解,且水解的最终产物相同
    D. 都可用 $(C_6H_{10}O_5)_n$ 表示,且都不能发生银镜反应
14. 下列关于葡萄糖的说法,不正确的是(　　)。
    A. 葡萄糖为人体活动提供能量时发生的主要反应是氧化反应
    B. 只用新制 $Cu(OH)_2$ 悬浊液一种试剂就可以鉴别乙酸溶液、葡萄糖溶液、淀粉溶液
    C. 将淀粉放入稀硫酸中煮沸几分钟,再加入新制的 $Cu(OH)_2$ 悬浊液共热,检验是否有葡萄糖生成
    D. 葡萄糖和果糖互为同分异构体
15. 将淀粉水解,并用新制的氢氧化铜悬浊液检验其水解产物的实验中,要进行的主要操作有:①加热;②滴入稀硫酸;③加入新制的氢氧化铜悬浊液;④加入足量的氢氧化钠溶液。以上各步操作的先后顺序排列正确的是(　　)。
    A. ①②③④①　　　B. ②①④③①　　　C. ②④①③①　　　D. ③④①②①

16. 下列有关淀粉和纤维素的说法,正确的是(　　)。
    A. 二者互为同系物　　　　　　　B. 二者都是多糖
    C. 淀粉能水解,纤维素不能水解　　D. 二者互为同分异构体

二、填空题

1. 糖类化合物是一类重要的有机化合物,它们主要由_____、氢和氧三种元素组成,且多数化合物的分子式可以表示为 $C_n(H_2O)_m$。

2. 根据能否水解及水解后产物的不同,糖类化合物可分为单糖、_____和多糖三大类。

3. 葡萄糖是自然界中广泛存在的一种单糖,其分子式为_____,结构式显示它是一种多羟基醛,具有_____的化学性质。

4. 蔗糖是自然界中分布最广的二糖,其水解产物为_____和_____。蔗糖的水解过程被称为转化过程,生成的混合单糖也称为转化糖。

5. 纤维素是自然界中含量最丰富的多糖,是构成植物细胞壁的主要成分。它的水解产物是_____,但在人体内由于缺少相应的酶,因此不能直接被消化吸收。但是,适量摄入含纤维素的食物有助于食物的_____和减少胆固醇沉积。

6. 低聚糖是由_____单糖分子通过_____连接形成的低聚合度糖类,可由单糖聚合或多糖水解得到,水解后生成单糖。

7. 多糖通常指由_____单糖分子通过_____连接形成的长链聚合物,水解后可生成多个单糖分子。多糖具有两种结构:一种是_____,另一种是_____。自然界中常见的多糖有淀粉、纤维素等。

8. 葡萄糖_____溶于水,_____溶于乙醇,_____溶于乙醚。

9. 葡萄糖能够还原_____,生成_____色的_____沉淀。这是检验还原糖常用的化学方法之一。

10. 淀粉遇_____发生变色反应,呈_____色。此法常用于检验淀粉。

三、判断题

1. 糖类物质主要是由 C、H、O 三种元素组成的。　　　　　　　　　　　(　　)
2. 蔗糖和麦芽糖属于低聚糖。　　　　　　　　　　　　　　　　　　　(　　)
3. 淀粉在人体内直接水解生成葡萄糖。　　　　　　　　　　　　　　　(　　)
4. 所有糖类都有甜味。　　　　　　　　　　　　　　　　　　　　　　(　　)
5. 蔗糖和麦芽糖都具有还原性。　　　　　　　　　　　　　　　　　　(　　)
6. 粮食中的淀粉属于糖类。　　　　　　　　　　　　　　　　　　　　(　　)
7. 植物茎叶中的纤维素不属于糖类。　　　　　　　　　　　　　　　　(　　)
8. 麦芽糖在一定条件下既能发生水解反应又能发生银镜反应。　　　　　(　　)
9. 糖类分子结构中含有醛基或酮基。　　　　　　　　　　　　　　　　(　　)
10. 葡萄糖和果糖属于单糖不能再水解。　　　　　　　　　　　　　　　(　　)
11. 低聚糖可由单糖聚合而成或多糖水解得到。　　　　　　　　　　　　(　　)
12. 单糖都具有还原性,因此单糖又称为还原糖。　　　　　　　　　　　(　　)
13. 淀粉和纤维素是自然界中最常见的多糖。　　　　　　　　　　　　　(　　)

14. 蔗糖具有还原性,能发生银镜反应。 (　　)
15. 纤维素既能作为人类的营养物质又能作为食草动物的营养物质。 (　　)

第二节　蛋白质

一、单项选择题

1. 安徽宣城所产的宣纸、宣笔、徽墨、宣砚举世闻名。做宣笔常用羊、兔等动物的毛,其主要成分是(　　)。
   A. 蛋白质　　　　　　　　　　B. 纤维素
   C. 糖类　　　　　　　　　　　D. 油脂

2. 下列关于蛋白质的叙述,不正确的是(　　)。
   A. 蚕丝的主要成分是蛋白质
   B. 蛋白质溶液中加入饱和$(NH_4)_2SO_4$溶液,蛋白质会析出,再加水重新溶解
   C. 重金属盐会使蛋白质变性,所以吞服"钡餐"会使人中毒
   D. 浓硝酸溅在皮肤上使皮肤呈黄色,这是由于蛋白质和浓硝酸发生了显色反应

3. 引发当今世界肺炎疫情的新型冠状病毒,"身份"已经明确,是一种包膜病毒,其主要成分是蛋白质、核酸、脂肪及糖类物质。下列有关说法正确的是(　　)。
   A. 蛋白质、糖类、脂肪都是高分子化合物
   B. 组成蛋白质、糖类、脂肪的元素种类相同
   C. 蛋白质、糖类、脂肪在一定条件下都能发生水解反应
   D. 蛋白质、糖类、脂肪是生命活动的重要营养物质

4. 下列说法正确的是(　　)。
   A. 蛋白质属于天然高分子化合物,组成元素只有 C、H、O、N
   B. 蛋白质在浓硝酸的作用下可发生水解反应
   C. 淀粉和蛋白质水解的最终产物都只有一种
   D. 蛋白质在酶等催化剂作用下可以水解,生成氨基酸

5. 下列有关蛋白质的说法,正确的是(　　)。
   ①蛋白质是重要的营养物质,它有助于食物的消化和排泄
   ②蛋白质在淀粉酶作用下,可水解成葡萄糖
   ③在家庭中可采用灼烧法定性检查奶粉中是否含有蛋白质,蛋白质燃烧可产生特殊的气味
   ④蛋白质水解的最终产物都是氨基酸
   A. ①②　　　　B. ②③　　　　C. ③④　　　　D. ①④

6. "人造肉"一般分为两种,一种是被称为植物肉的"人造肉",主要以大豆等植物蛋白制成。另一种是利用动物干细胞制造出的"人造肉",从活的鸡、鸭、鱼、牛、羊等身上采集干细胞,然后在实验室里培养。下列有关说法不正确的是(　　)。
   A. 肉的主要成分是蛋白质,而蛋白质是生命的基础

B. 蛋白质水溶液加入饱和 Na_2SO_4 溶液,有沉淀析出

C. 人造肉在一定程度上能减少动物的屠杀

D. 人体自身能合成的氨基酸称为必需氨基酸

7. 鉴别淀粉溶液、鸡蛋清溶液、葡萄糖溶液时,所用主要试剂和现象如下,下列所用试剂顺序与对应现象均正确的是( )。

试剂:①新制的 $Cu(OH)_2$ 碱性悬浊液　②碘水　③浓硝酸

现象:a. 变蓝色　b. 产生砖红色沉淀　c. 变黄色

A. ②—a、①—c、③—b   B. ③—a、②—c、①—b

C. ②—a、③—c、①—b   D. ②—c、③—a、①—b

8. 下列实验操作和现象与所得出的结论均正确的是( )。

选项	实验操作和现象	结论
A	向油脂皂化反应后的溶液中滴入酚酞,溶液变红	油脂已经完全皂化
B	蔗糖溶液在稀硫酸存在的条件下水浴加热一段时间后,再与银氨溶液混合加热,有光亮的银生成	蔗糖溶液已经完全水解
C	向溶液 X 中滴入 $NaHCO_3$ 溶液,产生无色气体	溶液 X 中的溶质一定是酸
D	向鸡蛋清溶液中滴加醋酸铅溶液,产生白色沉淀,加水沉淀不消失	蛋白质发生了变性

9. 为鉴别纺织品的成分是蚕丝还是合成纤维,可选用的简单、适宜的方法是( )。

　　A. 滴加 H_2SO_4 B. 灼烧线头

　　C. 用手摩擦凭手感   D. 滴加浓 HNO_3

10. 误食重金属盐而引起中毒,急救的方法是( )。

　　A. 服用大量的生理盐水   B. 服用大量的牛奶和豆浆

　　C. 服用 NaSO 溶液   D. 服用可溶性硫化物

11. 下列元素不是蛋白质的主要组成元素的是( )。

　　A. 碳   B. 氢   C. 氮   D. 氯

12. 在下列氨基酸中,属于必需氨基酸的是( )。

　　A. 甘氨酸   B. 色氨酸

　　C. 丙氨酸   D. 精氨酸

13. 下列过程不涉及蛋白质变性的是( )。

　　A. 煮鸡蛋   B. 使用福尔马林(甲醛水溶液)保存标本

　　C. 以粮食为原料酿酒   D. 使用医用酒精、紫外线杀菌消毒

14. 下列物质能够有效地缓解重金属中毒的是( )。

　　A. 奶油   B. 淀粉

　　C. 钙片   D. 豆浆

15. 下列关于蛋白质的叙述,正确的是( )。

　　A. 蛋白质是酶,其基本组成单位是氨基酸

B. 胰岛素是由一条肽链组成的蛋白质

C. 蛋白质是由一条或多条多肽链组成的生物大分子

D. 各种蛋白质都含有 C、H、O、N、P 等元素

二、填空题

1. 根据人体所需的氨基酸可分为_____、_____；根据化学性质分类的氨基酸可分为_____、_____、_____。

2. 对成人来说，共有八种必需氨基酸：_____。

3. 大多数氨基酸因含_____和_____数目的不同而呈不同程度的_____性（含羧基）或_____性（含氨基），呈中性的较少。

4. 氨基酸是构成生物体_____的最基本的物质，它在抗体内具有特殊的生理功能，是生物体内不可缺少的_____成分之一。

5. 蛋白质由_____等元素组成，是一类结构非常复杂、相对分子质量_____的有机化合物。

6. 蛋白质是由_____通过_____构成的高分子化合物，含有_____和_____，因此也有两性。

7. 向蛋白质溶液中加入某些盐［如 $(NH_4)_2SO_4$、$NaCl$］的浓溶液，会使蛋白质的溶解度_____而使其从溶液中析出，此现象称为_____。这样析出的蛋白质在继续加水时_____溶解，并不影响原来蛋白质的生理活性，故盐析是_____过程，是_____变化。

8. 在_____或加入某些有机化合物（如_____等）以及酸、碱、重金属盐（如_____等）的情况下，蛋白质会因发生性质上的改变而失去_____，这种过程是_____的，蛋白质的这种变化叫作_____。

9. 蛋白质可以与许多试剂发生_____反应，如分子中含有_____的蛋白质与_____作用时呈_____色。

10. 蛋白质被灼烧时会产生_____的气味。利用这一性质也可以鉴别蛋白质。

11. _____是人体所需除水外的五大类营养素。它们共同维持着人体的正常生理功能。

三、判断题

1. 蛋白质是生命活动的主要承担者，其组成元素一定包含碳、氢、氧、氮。（　　）

2. 氨基酸是蛋白质的基本组成单位，所有氨基酸都只有一个氨基和一个羧基。（　　）

3. 蛋白质溶液中加入饱和硫酸铵溶液后，析出的蛋白质加水后仍能溶解，此过程叫作蛋白质的变性。（　　）

4. 蛋白质溶液遇浓硝酸变黄色，这是蛋白质的显色反应，可用于蛋白质的鉴别。（　　）

5. 蛋白质灼烧时会产生烧焦羽毛的气味。（　　）

6. 蛋白质的结构多样性决定了其功能多样性。（　　）

7. 蛋白质变性后，其空间结构和理化性质都发生改变，但肽键并未断裂。（　　）

8. 鸡蛋清中加入饱和硫酸钠溶液,产生的沉淀加水后又能溶解,这是蛋白质的盐析现象。
(   )
9. 蛋白质溶液中加入重金属盐后,蛋白质会发生变性,析出的蛋白质加水后不能溶解。
(   )
10. 大多数氨基酸呈中性。(   )

四、简答题

1. 解释什么是蛋白质的变性,并列举两种导致蛋白质变性的常见因素。

2. 蛋白质的主要性质有哪些?

第三节　合成高分子化合物

一、单项选择题

1. 下列物质属于天然高分子化合物的是(   )。
  A. 蔗糖
  B. 棉花
  C. 油脂
  D. 合成纤维

2. 工业上以煤、石油和天然气为原料,生产三大合成材料——塑料、合成橡胶和合成纤维。下列有关说法错误的是(   )。
  A. 塑料、合成橡胶和合成纤维属于有机高分子材料
  B. 蚕丝、涤纶、尼龙都属于合成纤维
  C. 石油裂解得到的乙烯、丙烯等是生产合成材料的基本原料
  D. 高分子材料可分为天然高分子材料和合成高分子材料两大类

3. 下列不属于合成有机高分子材料的是(   )。
  A. 塑料
  B. 羊毛
  C. 合成橡胶
  D. 合成纤维

4. 2022年北京成功举办了第24届冬奥会,大量有机材料亮相冬奥会。下列材料中主要成分不属于有机高分子的是(   )。

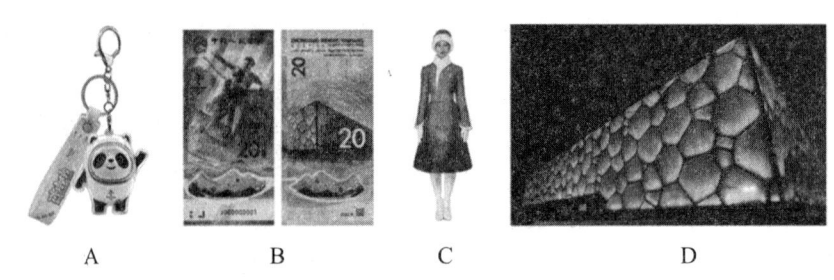

A. PVC（聚氯乙烯）制作的"冰墩墩"钥匙扣

B. BOPP（双向拉伸聚丙烯薄膜）制成的冬奥纪念钞

C. 颁奖礼服中的石墨烯发热内胆

D. "冰立方"的 ETFE（乙烯-四氟乙烯共聚物）膜结构

5. 工业上常根据产品特点将橡胶进行硫化，橡胶的硫化程度越低，强度越小，弹性越好。下列橡胶制品中，硫化程度最低的是（　　）。

   A. 汽车轮胎 　　　B. 皮鞋鞋底 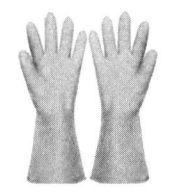　　　C. 乳胶手套 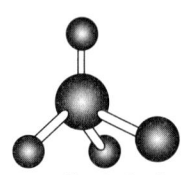　　　D. 橡胶小球

6. 下列关于合成高分子化合物的说法，错误的是（　　）。

   A. 合成高分子化合物都是通过加聚反应合成的

   B. 合成高分子化合物通常具有优良的物理和化学性质

   C. 合成高分子化合物在工农业生产、日常生活和医疗卫生等领域有广泛应用

   D. 合成高分子化合物的发展推动了人类社会的进步

7. 下列关于高分子材料的说法，正确的是（　　）。

   A. 高分子材料都是塑料制品

   B. 高分子材料都是有机合成材料

   C. 高分子材料都不能降解

   D. 高分子材料都无毒无害

8. 下列物质中，通过加聚反应可以合成的是（　　）。

   A. 蛋白质　　　　B. 淀粉　　　　C. 聚乙烯　　　　D. 纤维素

9. 下列关于高分子化合物的说法，正确的是（　　）。

   A. 高分子化合物的相对分子质量都很小

   B. 高分子化合物都是混合物

   C. 高分子化合物都不能溶于水

   D. 高分子化合物都不具备热塑性答案

10. 在下列高分子化合物中，能用于制造食品包装袋的是（　　）。

    A. 聚氯乙烯　　　B. 聚苯乙烯　　　C. 聚乙烯　　　D. 聚丙烯腈

二、填空题

1. 高分子化合物是指相对分子质量高达_____的大分子化合物,简称高分子。按其来源可分为_____和_____。
2. 天然高分子有_____等。
3. 高分子化合物几乎无挥发性,常温下以_____或_____存在。
4. 高分子化合物的分子链结构可以分为_____和_____两种基本类型。线型结构是分子中的原子由_____相互结合形成一条很长的蜷曲状态"链"。体型结构是大分子中分子链与分子链之间通过化学键相互交联,形成的_____结构。
5. 高分子中的原子之间一般是以_____结合的,因此高分子通常_____,是很好的_____材料。
6. _____结构的高聚物由于有独立的分子存在,因此具有弹性、可塑性,在溶剂中能溶解,加热能_____,硬度和脆性较小,具有_____。而_____结构的高聚物由于分子链间存在大量交联键,形成三维网状结构,没有弹性和可塑性,不能溶解和熔融,只能溶胀,硬度和脆性较大,具有_____。
7. 合成高分子材料主要是指_____三大合成材料及离子交换树脂、涂料、胶黏剂等。
8. 塑料的主要成分是_____。
9. 塑料根据其受热后表现的特性,可分为_____性和_____性塑料两大类。
10. _____塑料受热时软化,可以塑制成一定形状,并且能多次重复加热塑制。如_____等。
11. _____塑料加工成型后,加热不会软化,在溶剂中也不会溶解。如_____等。
12. 化学纤维根据所用的原料不同可分为_____纤维和_____纤维两类。
13. 合成纤维是利用_____和农副产品作原料制成单体,经_____反应或_____反应合成得到的。
14. 在合成纤维中,_____被称为"六大纶"。
15. 橡胶主要分为_____橡胶和_____橡胶两大类。天然橡胶源自橡胶树或橡胶草的胶乳加工,而合成橡胶则是通过_____小分子量的_____单体来制取的。

三、判断题

1. 塑料都是以石油、煤和天然气为原料生产的合成高分子化合物。　　　　(　　)
2. 塑料的主要成分是树脂,树脂是天然高分子化合物。　　　　　　　　　　(　　)
3. 聚乙烯塑料是热塑性塑料,可以反复加热塑形。　　　　　　　　　　　　(　　)
4. 聚氯乙烯塑料在燃烧时会产生有毒气体。　　　　　　　　　　　　　　　(　　)
5. 合成橡胶与天然橡胶相比,具有更好的耐老化性能。　　　　　　　　　　(　　)
6. 尼龙是一种合成纤维,具有优良的耐磨性和回弹性。　　　　　　　　　　(　　)
7. 羊毛纤维的主要成分是蛋白质,因此具有可燃性。　　　　　　　　　　　(　　)
8. 塑料、合成橡胶和合成纤维都属于有机高分子化合物。　　　　　　　　　(　　)
9. 合成橡胶的弹性通常比天然橡胶差。　　　　　　　　　　　　　　　　　(　　)

10. 涤纶纤维是一种合成纤维,具有优良的抗皱性和保形性。 ( )
11. 塑料在自然界中不易分解,容易造成环境污染。 ( )
12. 塑料、合成橡胶和合成纤维的发明和广泛应用极大地推动了人类社会的进步。 ( )
13. 聚苯乙烯塑料是热固性塑料,加热后不能塑形。 ( )
14. 橡胶树是天然橡胶的唯一来源。 ( )
15. 热固性塑料可以加热熔融后制成新品。 ( )

四、简答题

1. 简述合成纤维的结构特点与主要性能。

2. 简述合成橡胶的结构特点与主要性能。

第四节 学生实验:常见生物分子的性质

一、单项选择题

1. 葡萄糖不能发生的反应是( )。
   A. 银镜反应   B. 还原反应   C. 酯化反应   D. 水解反应
2. 蛋白质溶液在做如下处理后,仍不丧失生理作用的是( )。
   A. 加硫酸铵溶液   B. 加氢氧化钠溶液
   C. 加浓硫酸   D. 用福尔马林浸泡
3. 在银镜反应的实验步骤中,下列描述正确的是( )。
   A. 首先向试管中加入 1 mL 5% $AgNO_3$ 溶液,然后直接加入 1 mL 10%葡萄糖溶液,在 60℃水浴中加热,即可观察到银镜生成
   B. 向试管中加入 1 mL 2% $AgNO_3$ 溶液,边振荡边滴加 2%氨水,观察到有白色沉淀产生并迅速转化为灰褐色,继续滴加氨水至沉淀完全溶解,再加入 1 mL 10%葡萄糖溶液,在 60~70℃水浴中加热,观察到试管内壁形成了光亮银镜
   C. 先将试管中的葡萄糖溶液加热至沸腾,再加入制好的银氨溶液,振荡后观察到银镜生成
   D. 向试管中加入 1 mL 2% $AgNO_3$ 溶液和 1 mL 10%葡萄糖溶液,直接混合后在室温下观察银镜生成

4. 在检验食物中是否含有淀粉的实验中,通常使用的试剂是（   ）。
   A. 碘化钾溶液   B. 溴水
   C. 碘酒或碘水   D. 氯化铁溶液
5. 在蛋白质变性实验操作中,可以使蛋白质发生变性的是（   ）。
   A. 将蛋白质溶液加热至接近沸点   B. 向蛋白质溶液中加入大量水
   C. 将蛋白质溶液置于冰水中冷却   D. 用滤纸过滤蛋白质溶液
6. 蛋白质盐析后,若向析出的蛋白质中加入足量的蒸馏水并振荡,通常会观察到的现象是（   ）。
   A. 蛋白质不会溶解,保持固体状态
   B. 蛋白质重新溶解在水中,形成蛋白质溶液
   C. 蛋白质发生水解,生成氨基酸
   D. 蛋白质发生变性,形成不溶物

二、填空题

1. 葡萄糖的还原性——与银氨溶液（托伦试剂）反应。在一支试管中加入 1 mL 2% $AgNO_3$ 溶液,边振荡试管边滴加 2%氨水溶液,出现_____,继续滴加氨水到白色沉淀溶解为止,再加入 1 mL 10%葡萄糖溶液,振荡后放在水浴中加热 3～5 min,观察到的现象为_____。实验小结:_____
   _____。

2. 葡萄糖的还原性——与新制氢氧化铜（费林试剂）反应。在一支试管中加入 2 mL 10% NaOH 溶液,滴加 5 滴 5% $CuSO_4$ 溶液,观察到的现象为_____,再加入 2 mL 10%葡萄糖溶液,加热,观察到的现象为_____。实验小结:_____。

3. 淀粉的检验。在一支试管中加入少量新制的 0.5%淀粉溶液,滴入几滴 0.1%碘液,观察溶液颜色变化为_____。实验小结:_____。

4. 蛋白质的盐析。取 2 mL 20%鸡蛋清溶液于试管中,缓慢加入 2 mL 饱和$(NH_4)_2SO_4$溶液,观察到的现象为_____,取浑浊液 1 mL 于另一支试管中,加入 4～5 mL 蒸馏水,轻轻振荡,观察到的现象为_____
   _____。实验小结:_____
   _____。

5. 蛋白质的变性。在两支试管中各加入 2 mL 20%鸡蛋清溶液,其中一支试管加热,在另一支试管中滴入 1～2 滴饱和醋酸铅溶液,前一支试管观察到的现象为,_____
   _____。后一支试管观察到的现象为_____
   _____。然后再向两支试管中各加入 5 mL 蒸馏水,轻轻振荡,前一支试管观察到的现象为_____
   _____,后一支试管观察到的现象为_____
   _____。实验小结:_____
   _____。

6. 蛋白质的颜色反应。在一支试管中分别加入 2 mL 鸡蛋清溶液和几滴浓硝酸溶液，微热，观察到的现象为_____。实验小结：_____
_____。

三、判断题

1. 葡萄糖与银氨溶液反应时，需要加热才能观察到明显的实验现象。（　　）
2. 葡萄糖与银氨溶液反应后，生成的银镜是黑色的。（　　）
3. 葡萄糖与银氨溶液反应中，银离子被还原成银单质。（　　）
4. 葡萄糖与银氨溶液反应的实验中，可以加入氢氧化钠来调节溶液的 pH 值。（　　）
5. 葡萄糖与银氨溶液反应的实验中，若葡萄糖浓度过高，可能会导致银镜不清晰或无法形成。（　　）
6. 葡萄糖与斐林试剂反应后，生成的沉淀物是氧化亚铜（Cu_2O）。（　　）
7. 葡萄糖与斐林试剂反应的实验中，若斐林试剂不足，可能会导致无法观察到明显的实验现象。（　　）
8. 葡萄糖与斐林试剂反应的实验中，可以加入硫酸来调节溶液的 pH 值。（　　）
9. 蛋白质的盐析是一个物理过程，不涉及化学键的断裂。（　　）
10. 盐析过程中析出的蛋白质活性会受到影响，通常需要进行再溶解和复性处理。（　　）
11. 蛋白质与浓硝酸反应的颜色变化是不可逆的，即一旦反应发生，颜色将无法恢复。（　　）
12. 所有蛋白质与浓硝酸反应都会产生黄色，且颜色深浅与蛋白质含量成正比。（　　）
13. 蛋白质与饱和醋酸铅反应的实验中，生成的沉淀物可以通过过滤和洗涤来分离和纯化。（　　）
14. 淀粉的检验实验通常需要在酸性条件下进行，因为酸性条件有利于碘单质与淀粉的反应。（　　）
15. 在淀粉的检验实验中，可以使用碘化钾溶液代替碘单质溶液，因为碘化钾也能与淀粉产生蓝色反应。（　　）

四、简答题

1. 简述葡萄糖与新制氢氧化铜反应的原理。

2. 简述蛋白质盐析的现象及特点。

模拟试卷一

本试卷满分150分,考试时间150分钟。考试不使用计算器。

(相对原子质量:H—1;O—16;C—12;Na—23;Cl—35.5;S—32;Fe—56)

一、单项选择题(每题3分,共60分)

1. 已知元素的原子序数,可以推断出原子的(　　)。
   ①质子数　②中子数　③质量数　④核电荷数　⑤核外电子数
   A. ①④⑤　　　　　B. ②④⑤　　　　　C. ③④⑤　　　　　D. ①②③

2. 下列做法会加剧大气污染的是(　　)。
   A. 风力发电　　　B. 焚烧秸秆　　　C. 处理尾气　　　D. 植树造林

3. 下列物质只有共价键的是(　　)。
   A. NaOH　　　　　B. NaCl　　　　　C. NH_4Cl　　　　D. H_2O

4. 下列反应属于氧化还原反应的是(　　)。
   A. $Fe_2O_3 + 6HCl == 2FeCl_3 + 3H_2O$
   B. $CuO + HCl == CuCl_2 + H_2O$
   C. $CO_2 + Ca(OH)_2 == CaCO_3\downarrow + H_2O$
   D. $3Fe + 2O_2 \xrightarrow{点燃} Fe_3O_4$

5. 关于氧化还原反应,下列说法错误的是(　　)。
   A. 发生氧化反应的同时一定有还原反应发生
   B. 氧化还原反应的本质是化合价的变化
   C. 所有的复分解反应都不是氧化还原反应
   D. 氧化剂在反应中得电子

6. 对于一个有气体参加的化学反应来说,影响反应速率的主要因素是(　　)。
   A. 浓度和温度
   B. 浓度、温度和压力
   C. 浓度、温度和催化剂
   D. 浓度、温度、压力和催化剂

7. 在标准状况下,44.8 L He的物质的量为(　　)。
   A. 2.0 mol　　　　B. 1.0 mol　　　　C. 2.0 mol　　　　D. 2.5 mol

8. 下列属于非电解质的是(　　)。
   A. 稀硫酸　　　　B. 氨水　　　　　C. 氯化钠　　　　D. 蔗糖

9. 以下溶液酸性最强的是(　　)。
   A. pH=3　　　　　B. pH=4　　　　　C. pH=5　　　　　D. pH=6

10. 下列反应的离子方程式书写正确的是（　　）。
    A. 溴化钾溶液中通入氯气：$Br^- + Cl_2 == Br_2 + Cl^-$
    B. 氢氧化钠溶液与稀硝酸反应：$OH^- + H^+ == H_2O$
    C. 稀盐酸与碳酸钙反应：$2H^+ + CO_3^{2-} == H_2O + CO_2\uparrow$
    D. 铁粉与稀硫酸反应：$Fe + H^+ == Fe^{3+} + H_2\uparrow$

11. SO_2是大气主要污染物之一，造成大气中SO_2含量急剧增加的主要原因是（　　）。
    A. 实验室逸出的SO_2	B. 火山爆发产生的SO_2
    C. 燃烧煤和石油产生的SO_2	D. 硫酸厂排放废气中的SO_2

12. 下列物质与$AgNO_3$溶液反应后，产生白色沉淀且沉淀不溶于稀HNO_3的是（　　）。
    A. NaBr	B. NaI	C. Na_2CO_3	D. NaCl

13. 下列物质中常用于治疗胃酸过多的是（　　）。
    A. 氢氧化铝	B. 盐酸	C. 氢氧化钠	D. 氯化钠

14. 下列物质可用于治疗胃酸过多的是（　　）。
    A. $CaCl_2$	B. Na_2CO_3	C. $NaHCO_3$	D. NaOH

15. 下列化合物的官能团是醛基的是（　　）。
    A. CH_3—COOH	B. CH_3—CHO	C. CH_3—OH	D. CH_3—Cl

16. 关于有机化合物的系统命名法，下列说法错误的是（　　）。
    A. 选定分子中最长的碳链作为主链
    B. —CH_3叫作乙基
    C. 使用系统命名法命名的有机物能够区分同分异构体
    D. 确定完主链后要根据最低系列原则对主链进行编号

17. 在酿酒过程中，如果生产条件控制得不好，最后会闻到酸味，它可能是转化为（　　）而产生的味道。
    A. 乙醇	B. 乙醛	C. 乙酸	D. 乙酸乙酯

18. 关于淀粉和纤维素两种物质，下列说法不正确的是（　　）。
    A. 二者都属于糖类，且都是高分子化合物
    B. 二者含C、H、O三种元素的质量分数相同，且互为同分异构体
    C. 二者都能水解，且水解的最终产物相同
    D. 都可用$(C_6H_{10}O_5)_n$表示，且都不能发生银镜反应

19. 中国食盐产量居世界首位。下列实验室中的操作类似"海水煮盐"原理的是（　　）。
    A. 蒸发	B. 蒸馏	C. 过滤	D. 搅拌

20. 认识危险品标志非常重要，装运浓硫酸的包装箱上应贴的图标是（　　）。

    A. 腐蚀品 8　　B. 易燃液体 3　　C. 爆炸品 1　　D. 剧毒品 6

二、判断题(对的打"√",错的打"×",每题 2 分,共 40 分)

1. 元素的性质随着原子序数的递增呈现周期性变化的原因是元素原子的电子层数呈周期性变化。( )
2. 具有离子键的化合物一定是离子化合物。( )
3. 铁与稀硫酸反应,铁的化合价升高,被氧化。( )
4. 对于任意一个可逆反应,升高或者降低压力一定会使化学平衡发生移动。( )
5. 水的离子积常数是一个定值,任何条件下都不会发生变化。( )
6. 碳酸根在强酸性溶液中无法大量存在,因为碳酸根易与氢离子反应生成水和二氧化碳。( )
7. 干燥的氯气不能使润湿的有色布条褪色。( )
8. 向待测液中加入 $BaCl_2$,若出现白色沉淀,则说明原待测液中含有硫酸根离子。( )
9. 钠与水能够剧烈反应,生成大量氢气。( )
10. 铁制容器可用于浓硫酸的运输。( )
11. KSCN 遇到 Fe^{2+} 离子形成血红色的化合物,利用该特性可检验 Fe^{2+} 的存在。( )
12. HCl 可用于空气消毒。( )
13. 丙烷存在两种的同分异构体。( )
14. 甲烷可用作水果催熟剂,乙烯是一种可燃气体。( )
15. 乙烯(C_2H_4)能够发生加成反应。( )
16. 醇、酚、醛类物质都含有羟基。( )
17. 乙酸是食醋的主要成分,乙醇是医用酒精的主要成分。( )
18. 乙酸和乙醇在浓硫酸作为催化剂作用下生成乙酸乙酯,这是一个加成反应。( )
19. 构成蛋白质的基本单元是由氨基酸。( )
20. 实验过程中,若皮肤不小心沾染了浓硫酸,应立即使用氢氧化钠进行中和,以免皮肤被浓硫酸腐蚀。( )

三、填空题(每空 2 分,共 20 分)

1. 在元素周期表中,横行称为周期,纵行称为_____。
2. 对于反应 $N_2 + 3H_2 \xrightleftharpoons[\text{高温高压}]{\text{催化剂}} 2NH_3$,增大 N_2 浓度,化学平衡向_____(填"正反应"或"逆反应")方向移动。
3. _____ mol 的水和 1 mol 的氧气具有相同的氧原子数。
4. NH_4Cl 的水溶液呈_____性。
5. 能够使淀粉变蓝的卤素单质是_____(填化学式)。
6. 常温下是气态且遇到空气会变红的氮的氧化物是_____(填化学式)。
7. 铝是两性金属,铝和氢氧化钠反应的化学方程式是_____
_____。
8. 使用乙烯合成聚乙烯塑料发生的反应是_____(填"聚合"或"加成")反应。
9. 让醋酸具有酸性的官能团是_____(填化学式)。

10. 配制 100 mL 0.1 mol/L 氯化钠溶液,应称取_____ g 氯化钠固体。

四、问答题(共 10 分)

1. 简述铵根的检验方法,并写出相关化学方程式

五、计算题(每题 10 分,共 20 分)

1. 现有 5.6 g 铁与足量的稀硫酸反应,生成的气体在标准状况下的体积是多少升?

2. 中和 20 mL 浓度为 1 mol/L 的硫酸,需要浓度为 2 mol/L 的氢氧化钠溶液多少毫升?

模拟试卷二

本试卷满分150分，考试时间150分钟。考试不使用计算器。

（相对原子质量：H—1，O—16，C—12，S—32，Na—23，Fe—56，Cl—35.5）

一、单项选择题（每题3分，共60分）

1. 在 $CuO + H_2 \xrightarrow{\triangle} Cu + H_2O$ 中，氧化剂是（　　）。
   A. CuO　　　　　B. H_2　　　　　C. Cu　　　　　D. H_2O

2. 下列属于强电解质的是（　　）。
   A. 乙酸　　　　　B. 纯碱　　　　　C. 碳酸　　　　　D. 盐酸

3. 只用一种试剂就能区别 $(NH_4)_2SO_4$、NaCl、NH_4Cl，这种试剂可以是（　　）。
   A. $AgNO_3$ 溶液　　　　　　　　B. $BaCl_2$ 溶液
   C. KSCN 溶液　　　　　　　　　D. NaOH 溶液

4. 盛放氢氧化钠试剂瓶应使用（　　）。
   A. 橡胶塞　　　　B. 玻璃塞　　　　C. 磨口玻璃塞　　　　D. 以上都不是

5. 下列有机物可以发生银镜反应的是（　　）。
   A. 乙酸乙酯　　　B. 乙醇　　　　　C. 乙酸　　　　　D. 乙醛

6. 水果香气来源于（　　）。
   A. 乙醇　　　　　B. 乙醛　　　　　C. 乙酸　　　　　D. 乙酸乙酯

7. 某气体通入品红溶液，溶液褪色，加热后溶液恢复红色。则该气体是（　　）。
   A. N_2　　　　　B. SO_2　　　　C. O_2　　　　　D. Cl_2

8. 下列说法正确的是（　　）。
   A. 物质的量表示的是物质的质量　　　B. 摩尔质量的单位是 g
   C. 气体的摩尔体积约是 22.4 L/mol　　D. 1 mol 氧原子所含有的原子数是 N_A 个

9. 下列物质只含有非极性共价键的是（　　）。
   A. NO_2　　　　B. CO_2　　　　C. O_2　　　　　D. HCl

10. 通常用于衡量一个国家石油化工发展水平的标志是（　　）。
    A. 石油的产量　　B. 乙烯的产量　　C. 天然气的产量　　D. 汽油的产量

11. 下列不能使湿润的淀粉碘化钾试纸变蓝的是（　　）。
    A. 氯气　　　　　B. 溴蒸气　　　　C. 碘蒸气　　　　D. 碘化氢

12. 欲除去纯碱中混有的小苏打，正确的方法是（　　）。
    A. 加入稀盐酸　　B. 加入石灰水　　C. 加热灼烧　　　D. 加入 NaOH 溶液

13. 四氯化碳按官能团分类应该属于（　　）。
    A. 烷烃　　　　　B. 烯烃　　　　　C. 卤代烃　　　　D. 羧酸

14. 煤矿的矿井里为了防止"瓦斯(甲烷)"爆炸事故,应采取的安全措施是(　　)。
   A. 进矿井前先用明火检查是否有甲烷　　B. 通风并严禁烟火
   C. 顺其自然

15. 下列不属于离子化合物的是(　　)。
   A. NH_4Cl　　　　B. KF　　　　C. KI　　　　D. HBr

16. 下列金属在空气中因形成致密氧化膜,而无需密封保存的是(　　)。
   A. 铁　　　　B. 铝　　　　C. 铜　　　　D. 钠

17. 糖尿病患者的尿样中含有葡萄糖,在与新制的氢氧化铜悬浊液共热时,能产生砖红色沉淀,说明葡萄糖分子中含有(　　)。
   A. 醛基　　　　B. 羰基　　　　C. 羟基　　　　D. 羧基

18. 下列物质酸性最强的是(　　)。
   A. $HClO_4$　　　B. H_3PO_4　　　C. H_2SO_4　　　D. HCl

19. 下列关于可逆反应的说法,错误的是(　　)。
   A. 可逆反应不能完全进行到底
   B. 正反应和逆反应同时在进行
   C. 可逆反应平衡时反应停止
   D. 可逆反应平衡时各物质浓度不变

20. 氧化还原反应的实质是(　　)。
   A. 化合价的升降　　　　　　B. 电子的得失(或偏向)
   C. 氧元素的得失　　　　　　D. 以上都不是

二、判断题(对的打"√",错的打"×",每题 2 分,共 40 分)

1. 干燥的氯气没有氧化性和漂白性。(　　)
2. 氢氟酸是一种强酸。(　　)
3. 碳酸钠是一种盐,因此碳酸钠溶液呈中性。(　　)
4. 常温下,酸性溶液的 pH 小于 7。(　　)
5. 钠通常保存在煤油中,以防止被氧化。(　　)
6. 青铜、钢等材料都是合金。(　　)
7. 0.1 mol/L $MgCl_2$ 溶液中含氯离子的浓度为 0.2 mol/L。(　　)
8. 2 g 液态二氧化碳与 2 g 二氧化碳气体所含的分子数相同。(　　)
9. 人体的血液中含有 NaCl,其浓度大约为 0.9%。(　　)
10. 离子化合物中不含共价键。(　　)
11. 乙烯、乙炔都可以使酸性高锰酸钾溶液褪色。(　　)
12. 铁的氧化物里具有磁性的是 Fe_3O_4。(　　)
13. 草木灰是我国农耕文化中常用的钾肥,含有碳酸钾,因此可改良酸性土壤。(　　)
14. 实验室收集氨气时,可用无水氯化钙干燥氨气。(　　)
15. 凡是烃基和羟基相连的化合物都是醇。(　　)
16. 蛋白质是由氨基酸组成的,它是化学结构复杂的一类有机化合物。(　　)

17. 自然界中硫只能以化合态存在。（ ）
18. 某金属化合物灼烧时火焰呈黄色,则说明该物质含有钠元素。（ ）
19. 对于有气体参与的可逆反应,当反应处于平衡状态时,改变压力平衡将会被打破。（ ）
20. 纯水呈中性,因而纯水中不存在氢离子和氢氧根离子。（ ）

三、填空题（每空 2 分,共 20 分）

1. 甲烷是天然气的主要成分,其在氧气中燃烧方程式为_____。
2. 0.1 mol 某理想气体在标准状况下的体积是_____L。
3. 苯酚放置在空气中会发生氧化还原反应而呈_____色。
4. 乙酸的官能团是_____。
5. 实验室用氯化钡溶液检验稀硫酸中的硫酸根离子,请写出化学方程式：_____。
6. 从元素的性质递变规律判断金属活泼性：铝_____（填">"或"<"）钠。
7. 写出下列原子的原子结构示意图：
   氧：_____   氯：_____
8. 漂白粉由氯气氢氧化钙反应制得,其相应的化学方程式为：_____。
9. 氢氧化铝是一种两性氢氧化物,其与氢氧化钠反应的化学方程式是_____。

四、问答题（共 10 分）

1. 金属钠着火是否可以使用水灭火？为什么？

五、计算题（每题 10 分,共 20 分）

1. 配制 300 mL 浓度为 0.1 mol/L 的稀盐酸,需要浓度为 10 mol/L 的浓盐酸多少毫升？

2. 将 36.5 g 的 HCl 气体溶于水,配成 2 L 的溶液,其物质的量浓度是多少？

模拟试卷三

本试卷满分 150 分,考试时间 150 分钟。考试不使用计算器。
(相对原子质量:H—1;O—16;C—12;Na—23;Cl—35.5;S—32;Ca—40;Fe—56)

一、单项选择题(每题 3 分,共 60 分)

1. 下列有关原子的说法,错误的是( )。
   A. 原子的质量和体积都很小
   B. 原子在不停地运动着
   C. 原子可以构成物质
   D. 原子很小,不可再分

2. 下列物质含离子键的是( )。
   A. O_2
   B. KCl
   C. HCl
   D. CO_2

3. 下列物质含有共价键的化合物是( )。
   A. Cl_2
   B. NaCl
   C. CaO
   D. HCl

4. 下列反应不属于氧化还原反应的是( )。
   A. $Zn + 2HCl = ZnCl_2 + H_2\uparrow$
   B. $NH_3 + HCl = NH_4Cl$
   C. $H_2 + CuO = Cu + H_2O$
   D. $2NO + O_2 = 2NO_2$

5. 浓度的单位用 mol/L,时间单位用 s 表示时,反应速率的单位是( )。
   A. mol/(L·h)
   B. (mol·s)/L
   C. mol/(L·min)
   D. mol/(L·s)

6. 在密闭容器中,可逆反应 $CO + H_2O(g) \rightleftharpoons CO_2 + H_2$,在 800℃达到平衡时,$K_c = 1.0$,下列情况能使反应速率加快是( )。
   A. 使用催化剂
   B. 温度降低至 100℃
   C. 减小压力
   D. 降低 $H_2O(g)$ 的浓度

7. 一定物质的量浓度溶液的配制过程是( )。
   A. 计算、称量、溶解、转移、洗涤、定容、摇匀、装瓶贴签
   B. 计算、称量、溶解、洗涤、定容、转移、摇匀、装瓶贴签
   C. 称量、计算、溶解、转移、定容、洗涤、摇匀、装瓶贴签
   D. 计算、称量、转移、溶解、摇匀、定容、洗涤、装瓶贴签

8. 在醋酸溶液中存在电离平衡 $CH_3COOH \rightleftharpoons CH_3COO^- + H^+$,要使电离平衡向右移动且 $c(H^+)$ 增大,可采取的措施是( )。
   A. 加 NaOH(s)
   B. 加盐酸
   C. 升高温度
   D. 加蒸馏水

9. 温度对 K_w 的影响（　　）。
   A. 很大　　　　　B. 很小　　　　　C. 无影响　　　　　D. 不确定

10. pH 越小，溶液酸性（　　）。
    A. 越强　　　　　B. 越弱　　　　　C. 不变　　　　　D. 不确定

11. 下列物质氧化性最强的是（　　）。
    A. F_2　　　　　B. Cl_2　　　　　C. Br_2　　　　　D. I_2

12. 向待测液中加入 HCl 溶液，无沉淀无气体生成，再加入 $BaCl_2$ 溶液，生成白色沉淀，则说明待测液中含有（　　）。
    A. Cl^-　　　　　B. NH_4^+　　　　　C. SO_4^{2-}　　　　　D. Fe^{3+}

13. 下列俗称不是氢氧化钠的是（　　）。
    A. 苛性钠　　　　　B. 烧碱　　　　　C. 纯碱　　　　　D. 火碱

14. 下列物质具有杀菌消毒作用的是（　　）。
    A. NaClO　　　　　B. Na_2CO_3　　　　　C. $NaHCO_3$　　　　　D. NaCl

15. 在有机化合物中，1 个碳原子最多可以与（　　）个原子成键相连。
    A. 3　　　　　B. 4　　　　　C. 5　　　　　D. 6

16. 表现苯的化学性质的主要反应类型是（　　）。
    A. 取代反应　　　　　　　　　　　B. 加成反应
    C. 氧化反应　　　　　　　　　　　D. 所有以上选项

17. 苯酚在空气中被氧化后的颜色是（　　）。
    A. 粉红色　　　　　B. 蓝色　　　　　C. 绿色　　　　　D. 黄色

18. 下列糖类属于单糖的是（　　）。
    A. 蔗糖　　　　　B. 麦芽糖　　　　　C. 葡萄糖　　　　　D. 淀粉

19. 下列关于安全事故的处理方法，正确的是（　　）。
    A. 大量氯气泄漏时，应迅速离开现场，并尽量往高处去
    B. 不慎洒出酒精在桌上着火时，立即用大量水扑灭
    C. 少量浓硫酸沾在皮肤上，立即用大量氢氧化钠溶液冲洗
    D. 金属钠着火时，立即用沾水的毛巾覆盖

20. 下列各项可能导致实际浓度偏高的是（　　）。
    A. 在天平托盘上垫纸，将 NaOH 放在纸上称量
    B. NaOH 溶解时放出大量的热，未冷却立即配制溶液
    C. 溶液 NaOH 固体之后的烧杯未洗涤
    D. 向容量瓶中转移溶液时不慎洒出

二、判断题（对的打"√"，错的打"×"，每题 2 分，共 40 分）

1. 在元素周期表中，每一列就是一个族。　　　　　　　　　　　　　　　　（　　）
2. 因为 F 比 Cl 的非金属性强，所以 HF 的酸性比 HCl 的酸性强。　　　　（　　）
3. H_2O 分子中只含有非极性键。　　　　　　　　　　　　　　　　　　（　　）
4. 在氧化还原反应中，不一定所有元素的化合价都发生变化　　　　　　　（　　）

5. 在一定条件下,任何可逆反应达到化学平衡时,平衡浓度一定是该条件下反应物转化为生成物的最高浓度。( )
6. 离子方程式中的离子都是实际参加反应的离子。( )
7. 次氯酸不稳定,容易分解放出氯气。( )
8. 氮气既不能燃烧,也不能支持燃烧,因此带火星的木条在氮气中会熄灭。( )
9. 检验试管中某白色固体为铵盐的正确方法是加入 NaOH 溶液,加热,用湿润的蓝色石蕊试纸在试管口检验。( )
10. 铁、铝等金属能够浓硝酸发生钝化反应。( )
11. 碳酸钠的热稳定性比碳酸氢钠好。( )
12. Fe^{3+} 能够与氢氧化钠溶液反应生成白色沉淀。( )
13. 铁锈主要成分是氧化铁。( )
14. 分子式为 C_3H_8 的烷烃叫作丁烷。( )
15. 乙炔常用于焊接工艺中。( )
16. 乙酸含有的主要官能团是羧基。( )
17. 氯乙烷能够发生消去反应生成乙烯。( )
18. 塑料、合成橡胶和合成纤维属于有机高分子材料。( )
19. 在溶液的配制过程中,可以使用容量瓶溶解试剂。( )
20. 溴乙烷是一种重要的化工原料,可用于制备杀虫剂。( )

三、填空题(每空 2 分,共 20 分)

1. 在可逆反应 $N_2+3H_2 \xrightleftharpoons[高温高压]{催化剂} 2NH_3$ 中,经过 2 s 后,NH_3 的浓度由 0.2 mol/L 增加到 0.8 mol/L,计算用 NH_3 的浓度变化来表示的化学反应速率为_____ mol/(L·s)。
2. 1 mol 二氧化碳含有含有_____ mol 氧原子。
3. 碳酸钙和盐酸反应的离子方程式是_____。
4. 碳酸钠的水溶液呈_____性。
5. 氢气在_____(填化学式)中点燃能够安静的燃烧,并发出苍白色的火焰。
6. 铁和氯气反应生成_____(填化学式)。
7. 按碳骨架分类,有机化合物可以分为链状有机化合物和_____有机化合物。
8. 乙酸、乙醇、乙酸乙酯中能够与水任意比互溶的是_____。
9. 戊烷中含有_____个碳原子。
10. 浓硫酸接触白纸能够使其变黑,这是因为浓硫酸具有强烈的_____。

四、问答题(共 10 分)

1. 能否使用铝制容器盛放氢氧化钠溶液?为什么?请写出相关化学方程式

五、计算题(每题 10 分,共 20 分)

1. 将 4.6 g 钠投入水中待其完全反应,生成的气体在标准状况下的体积是多少升?

2. 用 10 g 碳酸钙制备二氧化碳,需要消耗盐酸的物质的量是多少?

参考答案

第一章 原子结构与化学键

第一节 原子结构

一、单项选择题
1～5:BAABC　6～10:ABCCC

二、填空题
1. 原子核;电子;原子核;电子
2. 质子;中子;中子;质子
3. 质子;质子;中子
4. 不同;越低;越高
5. 最低;较高
6. 质子;核外电子
7. 中子;元素
8. 正;负
9. 周期;化学性质(或化合价)
10. 泡利不相容;洪特

三、判断题
1～5:√×√×√　6～10:×√××√

四、简答题
1. 原子的质量数是指原子核内质子和中子的总数。由于质子和中子的质量相近,且电子的质量极小,可以忽略不计,因此原子的质量数近似等于原子的相对原子质量。
2. 原子的质子数是指原子核内质子的数量。质子数决定了元素的种类,即质子数相同的原子属于同一种元素。
3. 原子核外电子的排布遵循以下规律:
   (1)电子总是优先排布在能量最低的电子层上。
   (2)各电子层最多容纳的电子数为 $2n^2$(n 为电子层数)。
   (3)最外层电子数不超过 8 个(第一层为最外层时,电子数不超过 2 个)。
   (4)次外层电子数不超过 18 个,倒数第三层电子数不超过 32 个。
4. 原子由位于中心的原子核和绕核运动的电子组成。原子核由质子和中子构成,其中质子带正电,中子不带电。质子数决定了元素的种类,质子数等于元素的原子序数,也等于元素的核电荷数。电子带负电,其数量在显电中性的原子中与质子数相等,因此原子整体不显电性。电子在原子周围的运动形成了电子云,决定了原子的化学性质。

5. 原子由位于中心的原子核和绕核运动的电子组成。原子核由质子和中子构成,其中质子带正电,中子不带电。电子带负电,且其数量在电中性原子中与质子数相等。由于正负电荷相互抵消,因此原子整体不显电性。

第二节　元素周期律

一、单项选择题
1～5：DBDCD　6～10：AABDB

二、填空题
1. 减小
2. 增大
3. 减弱；增强
4. 7；一、二、三；长周期；不完全周期
5. 三；ⅣA
6. 原子序数(或质子数)
7. 2
8. 0族
9. 铯(Cs)；氟(F)
10. ⅠA；ⅡA

三、判断题
1～5：××√√×　6～10：×××√√

四、简答题

1. 元素周期律是指元素的性质随着原子序数的递增而呈现周期性变化的规律。具体来说,包括元素的原子半径、电离能、电负性、金属性和非金属性等性质在周期表中呈现规律性的变化。

2. 同一周期的元素,从左到右,其原子半径逐渐减小。这是因为随着原子序数的增加,原子核对外层电子的吸引力增强,导致电子云向原子核收缩,从而使得原子半径减小。

3. 同一主族的元素,从上到下,其金属性逐渐增强,非金属性逐渐减弱。这是因为随着原子序数的增加,电子壳层数增加,原子半径增大,原子核对外层电子的吸引力减弱,使得元素更容易失去电子表现出金属性,而难以获得电子表现出非金属性。

4. Li、Na、K原子的最外层电子数相同,都有一个电子,且都属于主族元素,故它们编排在同一主族。氢元素与碱金属元素的最外层电子数均是1,故同在ⅠA族。

5. 比较元素金属性的强弱,其实质是看元素原子失去电子能力的强弱,越易失去电子,金属性越强。比较元素非金属性的强弱,其实质是看元素原子得到电子能力的强弱,越易得到电子,非金属性越强。

第三节　化学键

一、单项选择题

1~5：BDBDB　6~9：AADC

二、填空题

1. 相互吸引；化学；物理
2. 共用；增强
3. 阳离子；阴离子；非金属
4. 氢（H）
5. 离子键；共价键；金属键
6. 非极性；极性
7. 共价；非极性
8. $NaCl$；H_2O、CO；$NaOH$、NH_4Cl、Na_2O_2
9. 极性共价；非极性共价
10. 金属

三、判断题

1~5：××√×√　6~10：√×√××

四、简答题

1. 化学键是原子或离子之间强烈的相互作用力，它决定了物质的化学性质。化学键的主要类型包括离子键、共价键和金属键。

2. 共价键可以分为极性共价键和非极性共价键两种类型。极性共价键是形成于两种电负性不同的非金属元素原子之间的共价键，其共用电子对偏向电负性较大的原子，使得该原子带部分负电荷，而另一个原子带部分正电荷。非极性共价键则是形成于同种元素原子之间或电负性相近的非金属元素原子之间的共价键，其共用电子对不偏向任何一方。

3. $NaCl$，$NaOH$，$CaCl_2$ 等。

4. 离子键的形成是金属原子失去价电子成为阳离子，非金属原子获得电子成为阴离子，阳离子和阴离子之间通过静电作用相互吸引而形成的。例如，在 $NaCl$ 中，Na 原子失去一个电子成为 Na^+ 离子，Cl 原子获得一个电子成为 Cl^- 离子，Na^+ 和 Cl^- 之间通过离子键结合形成 $NaCl$ 晶体。

5. 氢键是一种特殊的分子间作用力，它存在于含有氢原子的分子之间，特别是当氢原子与电负性较大的原子（如氮、氧、氟）相连时。氢键对化合物的性质有显著影响，包括提高化合物的熔点、沸点和溶解度，以及影响化合物的分子构型和分子间相互作用等。例如，由于水分子之间存在氢键，使得水具有较高的熔点和沸点，以及特殊的物理和化学性质。

第四节　化学实验基本操作

一、单项选择题

1~5：ACDDA　6~10：CDDAC

二、填空题

1. 防护眼镜；实验服（或手套、口罩等，根据具体实验而定）
2. 略向下倾斜
3. 凹液面的最低处
4. 紧贴
5. 水；碳酸氢钠
6. 砝码的质量减去游码的质量
7. 温度；容积；刻度线

三、判断题

1~5：×××××　6~10：×√×××

四、简答题

1. 加热试管中的液体时，应先预热试管，使试管均匀受热；然后用外焰加热试管中的液体部分，且试管口不能对着自己或他人；同时，液体体积不应超过试管容积的1/3，以防止液体沸腾时喷出伤人；加热过程中，应用试管夹夹持试管的中上部，并不断摇动试管，使液体均匀受热。

2. a. 滤纸应紧贴漏斗内壁，无气泡，以确保过滤效果；
   b. 漏斗下端管口应紧靠烧杯内壁，以防液体溅出；
   c. 玻璃棒应靠在三层滤纸处，起到引流作用，避免滤纸破损；
   d. 过滤过程中，漏斗中的液面应始终低于滤纸边缘，以防未经过滤的液体进入滤液中；
   e. 过滤完成后，应仔细检查滤纸和漏斗，确保无残留液体。

3. a. 将实验废弃物分类收集，如废液、废渣、废纸等；
   b. 废液应倒入指定的废液缸中，不得随意倒入下水道；
   c. 废渣应放入指定的垃圾桶中，不得随意丢弃；
   d. 对于有毒有害的废弃物，应特别标记并妥善存放，交由专业人员处理；
   e. 实验结束后，应及时清洗实验器材和桌面，保持实验室整洁。

第二章　化学反应及其规律

第一节　氧化还原反应

一、单项选择题

1~5：CABCC　6~10：DBCAC　11~12：CB

二、填空题

1. Al；Fe_2O_3
2. N；得到
3. H_2SO_4；Cu
4. Fe_2O_3；Al

5. 升高;降低;氧化;还原

6. 5

7. Cl_2;HCl

三、判断题

1～5:√×××√ 6～8:√√×

第二节　化学反应速率

一、单项选择题

1～5:DDBDA 6～10:CCAAC

二、填空题

1. 单位时间内;减少量;增加量;mol/L;s;min;h;mol/(L·s);mol/(L·min);mol/(L·h)

2. 0.015 mol/(L·min);0.015 mol/(L·min)

3. 加快;减小;增多;增大;加快;不影响

4. 加快;2～4

5. 活化能;不发生;加快;负

6. 保持不变

7. 0.75

8. 0.6

9. 0.25

10. <

三、判断题

1～5:√√××√ 6～8:×××

第三节　化学平衡

一、单项选择题

1～5:BCCCC 6～9:DCBC

二、填空题

1. 相等;时间变化;仍在不断;动态

2. 正反应;正反应;正反应;O_2;逆反应;正反应;降低;逆反应;SO_3

3. (1)①正反应　②逆反应
   (2)①正反应　②逆反应

4. 减少;吸热

5. 正反应;不

6. 正反应;不

三、判断题

1～5:×××√× 6～10:×√√√√

# 参考答案

第三章 溶液与水溶液中的离子反应

第一节 溶液组成的表示方法

(一)物质的量

一、单项选择题
1~5：DDCBD 6~10：BABBB

二、填空题
1. 一定数目微粒的集体
2. n；摩尔；摩；mol
3. 0.012 kg ^{12}C；$6.02×10^{23}$；阿伏加德罗常数；N_A；mol^{-1}
4. 分子；原子；离子
5. $n=\dfrac{N}{N_A}$
6. $3.01×10^{23}$
7. 0.5
8. 2；$1.204×10^{24}$
9. 0.4；$2.408×10^{23}$
10. 2

三、判断题
1~5：√√××× 6~10：√×√√×

(二)摩尔质量

一、单项选择题
1~5：ABCDA 6~10：BDCCD

二、填空题
1. 克；相对分子质量；摩尔质量
2. M；克每摩尔；g/mol
3. g/mol；相对分子质量
4. $n=\dfrac{m}{M}$
5. 19.6 g
6. 96 g/mol
7. 0.2
8. 106 g/mol
9. 40 g/mol

三、判断题
1~5：×√×√× 6~10：×√×√√ 11~12：××

111

四、计算题

1. 2 mol

2. $6.02×10^{22}$

3. 36.5 g/mol

4. 3.2 g

（三）气体摩尔体积

一、单项选择题

1~5：DDBCA　6~8：CAC

二、填空题

1. 标准状况；摩尔体积；V_m；L/mol

2. 分子数

3. $n=\dfrac{V}{V_m}$

4. 22.4 L/mol

5. 6.72 L

6. 气

7. 固；液

8. 32；22.4；2；22.4；44；22.4

三、判断题

1~5：√√××√　6~10：√×√√√

四、计算题

1. 0.5 mol；16 g

2. 67.2 L

（四）物质的量浓度

一、单项选择题

1~5：CACDB　6~10：DACBB

二、填空题

1. 物质的量；c；mol/L；$c=\dfrac{n}{V}$

2. 溶质；溶剂

3. 溶质的质量分数 $=\dfrac{溶质的质量}{溶液的质量}×100\%$

4. 质量；物质的量；$c_1V_1=c_2V_2$

5. 0.2 mol/L

6. 0.5 mol/L

7. 0.6 mol/L

8. 5.6

9. 0.1 mol/L

10. 0.05 mol;2.925 g

三、判断题

1～5:×√√×√ 6～10:√×××√

四、计算题

1. 8.33 mL

2. 29.12 L

3. 2 mol/L

(五)一定物质的量浓度溶液的配制

一、单项选择题

1～5:BDACA 6～10:DBCAD

二、填空题

1. B、A、E、C、D、F

2. (1)2 (2)①④⑤⑥;玻璃棒 (3)B、C、A、F、E、D (4)搅拌;引流 (5)②

三、判断题

1～5:√×√×× 6～10:√√√×√

四、计算题

1. 4 g

2. 1 mol/L

3. 5.6 mL

(六)溶液组成的表示方法

一、单项选择题

1～5:CADCA 6～9:BDAD

二、填空题

1. 溶质的质量分数

2. 质量浓度

3. 体积分数

4. 体积比浓度

5. 质量摩尔浓度

6. 16%

7. 碘单质、酒精

8. 44 g/L

9. 3 g

三、判断题

1～5:×√√×× 6～10:√×××√

第二节 弱电解质的电离平衡

一、单项选择题
1～5：CDDDA 6～9：CBBA

二、填空题
1. 可以导电；电解质；不能导电；非电解质
2. 电解质；可以导电；自由移动的离子
3. 非电解质；分子；导电
4. 水溶液中；熔融；形成自由移动的离子；电离
5. 电离程度；强电解质；弱电解质
6. 强酸；强碱；盐
7. 完全电离；电解质；部分
8. 弱酸；弱碱；水
9. 等于；平衡；电离平衡
10. 慢；弱；强

三、判断题
1～5：×√×√√ 6～10：√√×√√

四、问答题
1. $HCl = H^+ + Cl^-$
2. $H_2SO_4 = 2H^+ + SO_4^{2-}$
3. $CH_3COOH \rightleftharpoons CH_3COO^- + H^+$
4. $NaOH = Na^+ + OH^-$
5. $Ba(OH)_2 = Ba^{2+} + 2OH^-$
6. $NH_3 \cdot H_2O \rightleftharpoons NH_4^+ + OH^-$
7. $CuSO_4 = Cu^{2+} + SO_4^{2-}$
8. $NaHCO_3 = Na^+ + HCO_3^-$
9. $NaHSO_4 = Na^+ + H^+ + SO_4^{2-}$

五、计算题
1. $c(H^+) = 0.1$ mol/L、$c(NO_3^-) = 0.1$ mol/L
2. $c(H^+) = 0.2$ mol/L、$c(SO_4^{2-}) = 0.1$ mol/L
3. $c(K^+) = 0.1$ mol/L、$c(OH^-) = 0.1$ mol/L
4. $c(Ba^{2+}) = 0.1$ mol/L、$c(OH^-) = 0.2$ mol/L
5. $c(Al^{3+}) = 0.1$ mol/L、$c(Cl^-) = 0.3$ mol/L

第三节 水的离子积和溶液的pH

一、单项选择题
1～5：BACCD 6～10：DBADD 11：B

二、填空题

1. $H_2O \rightleftharpoons H^+ + OH^-$

2. 水溶液中 $c(H^+)$ 和 $c(OH^-)$ 的乘积;1×10^{-7} mol/L;K_w,1×10^{-14}

3. 酸;碱;中

4. 2

5. 酸性

6. 酸碱指示

7. 7.35～7.45;酸

8. 待测溶液;pH 试纸;标准比色卡

9. $NaHCO_3$

10. pH 计(酸度计)

11. 小

12. 大

三、判断题

1～5：√√×√×　6～10：××√√×

四、计算题

1. 1
2. 1
3. 13
4. 12

第四节　离子反应和离子方程式

一、单项选择题

1～5：BDACA　6～10：ADACB

二、填空题

1. 离子;离子;有离子参与

2. $Fe^{3+} + 3OH^- == Fe(OH)_3 \downarrow$

3. 难溶物质;难电离物质;易挥发物质

4. ① $Ba^{2+} + SO_4^{2-} == BaSO_4 \downarrow$
   ② $CO_3^{2-} + 2H^+ == CO_2 \uparrow + H_2O$
   ③ $OH^- + CH_3COOH == CH_3COO^- + H_2O$
   ④ $Fe(OH)_3 + 3H^+ == Fe^{3+} + 3H_2O$
   ⑤ $CaCO_3 + 2H^+ == Ca^{2+} + CO_2 \uparrow + H_2O$

三、判断题

1～5：×√√√√　6～10：√√×××

第五节　盐类的水解

一、单项选择题

1～5：BACAA　6～10：CBDBB

二、填空题

1. 弱电解质；盐的水解

2. 强酸强碱盐；强酸弱碱盐；强碱弱酸盐；弱酸弱碱盐

3. 碱；酸

4. 酸碱

5. 沉淀

6. CO_3^{2-}；H^+；H_2CO_3；OH^-；碱

7. 酸；H^+

8. 水解

9. 硫酸

10. 酸；水解；电离；>

11. 碱、酸

12. 碱

三、判断题

1～5：×√××√　6～10：××√√×

第六节　学生实验：溶液的配制、稀释和 pH 的测定

一、单项选择题

1～5：CADDC　6～10：DBCAC

二、填空题

1. 量筒；烧杯

2. 10 mL；量筒

3. 酸碱指示剂；pH 试纸

4. 容量瓶

5. 冷却

6. 称量

7. 三；二

8. 通风橱

9. 搅拌

10. 废液

三、判断题

1～5：×√×√×　6～10：××√×√

四、计算题

1. 4 g
2. 41.7 mL

五、问答题

1. 一贴:滤纸要贴在漏斗内壁上。二低:滤纸边缘略低于漏斗边缘,滤液液面低于滤纸边缘。三靠:烧杯口要靠在倾斜的玻璃棒上;玻璃棒的下端要靠在三层滤纸的一边;漏斗的末端应该靠在用于接收滤液的接收器的内壁。
2. 将待测液滴在 pH 试纸上,将显示的颜色与标准比色卡对比,读取 pH。

第四章　常见无机物及其应用

第一节　常见非金属单质及其化合物

(一)常见非金属单质

一、单项选择题

1~5:AACDA　6~10:AAACB　11~15:DACAA
16~20:CCDDC　21~25:DDBBA　26~27:CB

二、填空题

1. $N_2 + 3H_2 \xrightleftharpoons[催化剂]{高温、高压} 2NH_3$

2. $N_2 + O_2 \xrightarrow{放电} 2NO$

3. 黄绿色;刺激性;毒

4. 氯水;棕色;HClO;漂

5. 黄绿;氯气

6. 蓝;$2KI + Br_2 == 2KBr + I_2$

7. I_2;蓝;$2KI + Cl_2 == 2KCl + I_2$

8. 氮的固定;吸收;合成氨

9. 白磷;红磷;白磷;二硫化碳;40℃;自燃;水中

10. 五氧化二磷;白烟

11. H_2O;HClO;$Cl_2 + H_2O == HCl + HClO$

12. 黄绿;氯气;无色气体;氢;红色;褪色;氯水中的盐酸使石蕊变红,HClO 具有漂白性,使石蕊褪色;$2HClO \xrightarrow{光} 2HCl + O_2 \uparrow$

三、判断题

1~5:×××× √　6~7:√×

(二)常见非金属元素的气态氢化物

一、单项选择题

1~5:ACACC　6~10:DBDDA　11~14:CDDC

二、填空题

1. 无;臭鸡蛋;剧毒;大气污染物;氢硫酸;硫化氢
2. 无;刺激;极易;小;吸;制冷剂
3. (1)$Ca(OH)_2+NH_4Cl\xrightarrow{\triangle}CaCl_2+2NH_3\uparrow+2H_2O$ (2)小;② (3)①
4. 氢气;HCl;盐酸
5. 硝酸银;$AgNO_3+HCl=\!=\!=AgCl\downarrow+HNO_3$

三、判断题

1~5:√√×√√ 6~8:×√√

(三)常见非金属氧化物及含氧酸

一、单项选择题

1~5:BCCBB 6~10:BCDCD 11~15:ADCDC 16~20:CBBBC
21~25:ABBAD 26~30:CBBAA 31~32:DB

二、填空题

1. 无;刺激性;毒;污染;亚硫酸;亚硫酸;二氧化硫;水
2. (1)E (2)D (3)C (4)A (5)B
3. $4FeS_2+11O_2\xrightarrow{高温}8SO_2+2Fe_2O_3$;$2SO_2+O_2\xrightleftharpoons[400-500℃]{V_2O_5}2SO_3$;$SO_3+H_2O=\!=\!=H_2SO_4$
4. 品红溶液褪色;漂白性;溶液颜色复现
5. O_3、$HClO$、H_2O_2、Na_2O_2;不能;SO_2;能
6. (1)A (2)BD (3)C (4)D
7. $Cu+2H_2SO_4(浓)\xrightarrow{\triangle}CuSO_4+2H_2O+SO_2\uparrow$
8. 升高;氧化;氧化;11.2;品红溶液褪色
9. ①不稳定性 ②强氧化性 ③强氧化性 ④强酸性
10. $4HNO_3\xrightarrow{\triangle}4NO_2\uparrow+2H_2O+O_2\uparrow$
11. $4NH_3+5O_2\xrightarrow[高温]{催化剂}4NO+6H_2O$;$2NO+O_2=\!=\!=2NO_2$;$3NO_2+H_2O=\!=\!=2HNO_3+NO$

三、判断题

1~5:√√√×× 6:√

(四)重要的非金属离子检验

一、单项选择题

1~5:DDDCC 6~10:CDCBB 11:C

二、填空题

1. $AgNO_3$;$AgNO_3+HCl=\!=\!=AgCl\downarrow+HNO_3$
2. 取样,滴加稀盐酸,无明显现象,再滴加 $BaCl_2$ 溶液,若有白色沉淀生成,则溶液中含有 SO_4^{2-}
3. 取样,加少量 $AgNO_3$ 溶液,有白色沉淀生成,再加稀硝酸,若白色沉淀不消失,则溶液中含有 Cl^-

4. $2NH_4Cl+Ca(OH)_2 \xrightarrow{\triangle} 2NH_3\uparrow+CaCl_2+2H_2O$；向下；湿润的红色石蕊试纸

三、判断题

1～2：√×

（五）大气污染物与环境保护

一、单项选择题

1～5：BDBDC　6～10：ABCBA　11～13：ABA

二、填空题

1. 无；无；不；毒

2. NO；NO_2

3. SO_2；NO_2

4. (1) $3NO_2+H_2O==2HNO_3+NO$　(2) $N_2+O_2 \xrightarrow{高温} 2NO$

5. 废气；废水；废渣；Cl_2；$Ca(ClO)_2$

6. (1)C　(2)A　(3)E　(4)D　(5)B

7. (1)E　(2)BF　(3)D　(4)C

三、判断题

1～5：√√×××　6～10：×√×××　11～13：×√√

（六）氟、碘与人体健康

一、单项选择题

1～5：AAAAD　6～10：ADADA　11：C

二、填空题

1. I_2；蓝；$2KI+Cl_2==2KCl+I_2$

2. 紫黑；微；有机；酒精

3. 蓝

4. (1)B　(2)海带

三、判断题

1－2：√×

（七）用途广泛的无机非金属材料

一、单项选择题

1～5：ABCBC　6～10：DCCCB　11～15：CDABB　16～17：AA

二、填空题

1. 玻璃；陶瓷；耐高温；脆性大

2. SiO_2

3. SiO_2；$SiO_2+2NaOH==Na_2SiO_3+H_2O$；$SiO_2+4HF==SiF_4\uparrow+2H_2O$

4. 陶瓷；水泥；SiO_2；合成

三、判断题

1～5：√√×××　6：×

第二节 常见金属单质及其化合物

(一)常见的金属单质

一、单项选择题

1～5：CBDCD   6～9：BCCD

二、填空题

1. $2Al+2NaOH+2H_2O =\!\!=\!\!= 2NaAlO_2+3H_2\uparrow$；还原；提供碱性环境

2. $Al_2O_3+2NaOH =\!\!=\!\!= 2NaAlO_2+H_2O$；酸

3. Na_2O_2；淡黄色

4. ①$2FeCl_2+Cl_2 =\!\!=\!\!= 2FeCl_3$ ②$4Fe(OH)_2+O_2+2H_2O =\!\!=\!\!= 4Fe(OH)_3$

5. 导电；导热

6. 氧气

7. 氢

8. 氧化钠；过氧化钠

9. 氧气；水蒸气

10. 氧化铝薄

三、简答题

1. 金属钠是一种银白色固体，具有金属光泽，质软可用刀切割，熔点低，密度比水小，能浮在水面上，导热、导电性能良好。

2. 铁生锈是铁与空气中的氧气和水蒸气共同作用的结果。在潮湿的空气中，水蒸气使铁表面形成一层水膜，这层水膜与铁和空气中的氧气构成原电池反应的条件，导致铁被氧化生成铁锈（主要成分是氧化铁的水合物）。这个过程是电化学腐蚀的一种形式。

3. 常温下，铝在空气中与氧气反应，表面生成一层致密的氧化铝薄膜，可以阻止里面的铝进一步被氧化，因此铝制的高压电缆耐腐蚀。

4. (1)铝制饮料罐：利用了铝的延展性和轻便性，同时铝在常温下能与氧气反应生成致密的氧化铝薄膜，保护内部金属不被腐蚀。

   (2)铁制铁锅：利用了铁的导热性，使食物能够均匀受热；同时，铁是人体必需的微量元素，使用铁锅烹饪可以在一定程度上补充人体所需的铁元素。

(二)常见的金属氧化物和氢氧化物

一、单项选择题

1～5：BACDB   6～10：ADCCC

二、填空题

1. 硫酸铁；$2Fe(OH)_3+3H_2SO_4 =\!\!=\!\!= Fe_2(SO_4)_3+6H_2O$

2. 红棕色

3. 氧气

4. 碱

5. 沉淀

6. +3

7. 钠离子；氯离子

8. 耐火材料

9. 碱

10. 无

三、简答题

1. 金属氧化物与酸的反应是一种典型的复分解反应,其中金属氧化物作为碱性氧化物,与酸中的氢离子发生反应,生成对应的盐和水。例如:$Fe_2O_3+6HCl=\!=\!=2FeCl_3+3H_2O$

2. 制备金属氢氧化物的一种通用方法是利用可溶性的金属盐与碱发生复分解反应。在这个过程中,金属阳离子与氢氧根离子(OH^-)结合,形成不溶性的金属氢氧化物沉淀。

3. 氧化钠与水反应会放出大量的热,使溶液温度升高,同时生成无色的氢氧化钠溶液。这是因为氧化钠是碱性氧化物,能与水发生化合反应,生成对应的碱——氢氧化钠,并放出热量。反应方程式为 $Na_2O+H_2O=\!=\!=2NaOH$。

4. 金属氧化物的两性是指某些金属氧化物既能与酸反应生成盐和水,又能与碱反应生成盐和水。例如,氧化铝(Al_2O_3)就是一种两性氧化物。它能与盐酸反应生成氯化铝和水:$Al_2O_3+6HCl=\!=\!=2AlCl_3+3H_2O$;也能与氢氧化钠反应生成偏铝酸钠和水:$Al_2O_3+2NaOH=\!=\!=2NaAlO_2+H_2O$

(三)重要的金属离子检验

一、单项选择题
1～5:CCDBA

二、填空题
1. 硫氰酸钾(KSCN)溶液；血红
2. 蓝；氢氧化钠(NaOH)
3. 氢氧化钠(NaOH)；盐酸

(四)重要的盐

一、单项选择题
1～5:DACCC   6～10:DACCA

二、填空题
1. 氮；钾
2. 碳酸钠
3. 纯碱；强碱弱酸；碱
4. 蓝；蓝；电解
5. 铵；氨；氮；二氧化氮
6. 氢氧化钠(或 NaOH)；湿润的红色石蕊

(五)重金属污染及防治

一、单项选择题
1～5:CBCDC   6～10:DCCAD

二、判断题

1~5：√×√√×　6~10：×××√×

(六) 合金的应用

一、单项选择题

1~5：ADDAB　6~10：CABBB

二、填空题

1. 建筑（交通、包装）

2. 生物相容

3. 铬；镍

4. 耐腐蚀

5. 航空航天

6. 新能源

7. 抗氧化

第五章　简单有机化合物及其应用

第一节　有机化合物的特点与分类

一、单项选择题

1~5：ACCBA　6：A

二、填空题

1. 碳

2. 低

3. 环状

4. C_2H_5OH

三、判断题

1~4：×√×√

第二节　烃

一、单项选择题

1~5：CBBCA　6~10：DBADB　11~15：BBACC　16~18：CCA

二、填空题

1. 正四面体结构

2. C_nH_{2n+2}

3. 小

4. 乙烷

5. 卤化
6. 隔绝空气
7. 水平钻井和水力压裂
8. 民用
9. 结构
10. 氢卤酸
11. 大 π 键
12. 柴油
13. 萘
14. 水
15. 异丁烷

三、判断题
1～5：××√√√　6～10：√×××√　11～15：×√√√×　16～20：√√√√√
21～22：√√

第三节　烃的衍生物

一、单项选择题
1～5：DCAAB　6～10：DADBC　11～15：DCBCA　16～20：BCCDA
21～25：ABCAB　26～30：CAAAC　31～35：CABCA　36～40：ADCBB

二、填空题
1. —X(X 代表卤素原子，如氟、氯、溴、碘)
2. 卤代烃
3. 取代反应
4. 甲基(—CH$_3$)；羧基(—COOH)；—COOH(化学式)
5. 酒精；C$_2$H$_5$OH；CH$_3$CH$_2$OH。
6. 粉红
7. 苯酚钠；C$_6$H$_5$ONa
8. 醛基(—CHO)；CH$_3$CHO

三、判断题
1～5：××√√√　6～10：√√×××　11～15：√√√×√　16～20：√√××√
21～25：√√√×√　26～30：√√√√×　31～35：××√√√　36～40：√√√√×

四、简答题

1. [苯酚] +Br$_2$ → [2,4,6-三溴苯酚] ↓ +3HBr

2. 蓝色石蕊试纸立即变红。说明乙酸具有明显的酸性，这是因为乙酸在水溶液中能电离出氢离子。电离方程式为 CH_3COOH ⇌ CH_3COO^- + H^+。

3. 当绿豆大小的金属钠投入无水乙醇时,会发生剧烈的化学反应,产生气体。这个现象是由于金属钠与乙醇反应生成乙醇钠和氢气。反应方程式为 $2CH_3CH_2OH + 2Na \longrightarrow 2CH_3CH_2ONa + H_2\uparrow$。

4. 在乙醛的银镜反应实验中,观察到的现象是在试管壁上形成了一层光亮的银镜。这是因为乙醛与银氨溶液反应,乙醛被氧化成乙酸,同时银离子被还原成金属银,沉积在试管壁上形成银镜。反应方程式为 $2CH_3CHO + 2[Ag(NH_3)_2]OH \longrightarrow CH_3COONH_4 + 2Ag\downarrow + 3NH_3 + H_2O$。

第四节 学生实验:重要有机化合物的性质

一、单项选择题

1~5:DCBAB 6~10:ABDDA 11~15:BAACB 16~20:CDBAA
21~25:AACBB 26~30:ABABA

二、填空题

1. 水蒸气

2. 腐蚀性

3. 消去

4. H^+

5. (1)先加乙醇,再加乙酸,最后加浓硫酸 (2)催化剂和脱水剂 (3)促进反应
   (4)防止暴沸 (5)饱和碳酸钠 (6)小;分液

三、判断题

1~5:√√××√ 6~10:√××√√ 11~15:√√√×√ 16~18:√√×

四、简答题

1. 溶液会逐渐变浑浊,生成苯酚和碳酸氢钠。反应方程式为 $C_6H_5-ONa + CO_2 + H_2O \longrightarrow C_6H_5-OH + NaHCO_3$

2. 会出现银镜现象。反应方程式为 $HCHO + 4[Ag(NH_3)_2]OH \xrightarrow{\text{水浴加热}} (NH_4)_2CO_3 + 4Ag\downarrow + 6NH_3 + 2H_2O$

3. 在乙醇的催化氧化实验中,将铜丝在酒精灯上加热,铜丝变黑,生成氧化铜,插入乙醇溶液中,铜丝变为红色,因为氧化铜被还原为铜单质。反复几次,会闻到刺激性的气味,因为生成了乙醛。
   这个现象表明铜丝在乙醇的催化氧化过程中起到了催化剂的作用,加速了反应的进行。

4. 向苯酚溶液中滴加10%氢氧化钠溶液时,溶液由浑浊变澄清。这说明苯酚与氢氧化钠发生了中和反应,生成了易溶于水的苯酚钠。

5. 滴加饱和溴水后,溶液中出现了白色沉淀。这是因为苯酚与溴水发生了取代反应,生成了三溴苯酚白色沉淀。

6. 观察到的酯的香味和液面分层现象说明乙酸与乙醇发生了酯化反应,生成了乙酸乙酯和水,乙酸乙酯不溶于水且具有挥发性,因此液面分层,同时释放出酯的香味。

第六章 常见生物分子及合成高分子化合物

第一节 糖类

一、单项选择题
1~5:CCDAD 6~10:CBBDD 11~15:CCBCB 16.B

二、填空题
1. 碳
2. 二糖
3. $C_6H_{12}O_6$；还原性
4. 葡萄糖；果糖
5. 葡萄糖；消化
6. 2~10 个；糖苷键
7. 10 个以上；糖苷键；直链；支链
8. 易；微；不
9. 斐林试剂（新制氢氧化铜）；砖红；Cu_2O
10. 碘；蓝

三、判断题
1~5:√√××× 6~10:√×√√√ 11~15:√√√××

第二节 蛋白质

一、单项选择题
1~5:ACDDC 6~10:DCDBB 11~15:DBCDC

二、填空题
1. 必需氨基酸；非必需氨基酸；酸性氨基酸；碱性氨基酸；中性氨基酸
2. 赖氨酸、色氨酸、苯丙氨酸、蛋氨酸、苏氨酸、异亮氨酸、亮氨酸、缬氨酸
3. 羧基；氨基；酸；碱
4. 蛋白质；营养
5. 碳、氢、氧、氮、硫；很大
6. 氨基酸；肽键；氨基；羧基
7. 降低；盐析；能；可逆；物理
8. 紫外线照射、加热；乙醇、甲醛；铜盐、铅盐、汞盐；生理活性；不可逆；变性
9. 显色；苯环；浓硝酸；黄
10. 烧焦羽毛
11. 糖类、脂肪、蛋白质、维生素和矿物质

三、判断题

1～5：√√×√√ 6～10：√√√√×

四、简答题

1. 蛋白质的变性是指蛋白质在某些物理和化学因素作用下,其特定的空间构象被破坏,从而导致其理化性质的改变和生物活性的丧失。常见的导致蛋白质变性的因素包括加热(高温)、紫外线照射等物理因素,以及强酸、强碱、重金属盐、三氯乙酸、乙醇、丙酮等化学因素。这些因素都能使蛋白质的空间结构发生改变,从而使其失去原有的生物活性。

2. 蛋白质是由氨基酸通过肽键构成的高分子化合物,含有氨基和羧基,因此也有两性。蛋白质在水中的溶解性不同,有的能溶于水,如鸡蛋蛋白;有的难溶于水,如毛发。蛋白质除了能水解为氨基酸外,还能发生盐析、变性和显色反应等。

第三节 合成高分子化合物

一、单项选择题

1～5：BBBCC 6～10：ABCBC

二、填空题

1. $10^4 \sim 10^6$；天然高分子；合成高分子

2. 淀粉、纤维素、蛋白质

3. 固态；液态

4. 线型；体型；共价键；网状

5. 共价键；不导电；绝缘

6. 线型；熔融；热塑性；体型；热固性

7. 塑料、合成纤维、合成橡胶

8. 树脂

9. 热塑；热固

10. 热塑性；聚乙烯、聚氯乙烯、纤维素塑料

11. 热固性；酚醛树脂、环氧树脂

12. 人造；合成

13. 石油、天然气、煤；加聚；缩聚

14. 涤纶、锦纶、腈纶、丙纶、维纶和氯纶

15. 天然；合成；聚合；二烯烃或烯烃

三、判断题

1～5：××√√× 6～10：√√√×√ 11～15：√√×××

四、简答题

1. 合成纤维是利用石油、天然气、煤和农副产品作原料制成单体,经聚合反应制成的。合成纤维的强度大、弹性好、耐磨、耐化学腐蚀、不会发霉、不怕虫蛀、不缩水。用它做成的衣服美观大方,结实耐穿。

2. 合成橡胶是由分子量较小的二烯烃或烯烃作为单体经聚合而成的。合成橡胶在某些性

能上比较突出,如有的耐高温、有的耐低温、有的耐油、有的具有很好的气密性等。

第四节　学生实验:常见生物分子的性质

一、单项选择题

1~5:DABCA　6:B

二、填空题

1. 白色沉淀;有银镜生成;葡萄糖与银氨溶液反应生成银镜
2. 有蓝色沉淀生成;有砖红色沉淀生成;葡萄糖与新制氢氧化铜反应生成Cu_2O砖红色沉淀
3. 溶液呈蓝色;淀粉和碘作用呈蓝色
4. 蛋白质从溶液中析出;析出的蛋白质溶解;在蛋白质溶液中加入足量的盐类可析出沉淀,此反应是可逆的
5. 蛋白质从溶液中析出;蛋白质从溶液中析出;析出的蛋白质不再溶解;析出的蛋白质不再溶解;蛋白质在受热、重金属盐等作用下会发生性质上的改变而凝聚,此反应是不可逆的
6. 溶液显黄色;蛋白质与浓硝酸反应所得产物呈黄色

三、判断题

1~5:√×√√√　6~10:√√×√×　11~15:√×√××

四、简答题

1. 葡萄糖与新制氢氧化铜反应的原理主要基于葡萄糖中的醛基(—CHO)与新制氢氧化铜中的氢氧化铜发生氧化还原反应。
2. 向蛋白质溶液中加入大量的电解质(中性盐如硫酸钠、氯化钠)使蛋白质沉淀析出的现象称为盐析。盐析是可逆过程,是物理变化。

模拟试卷一

一、单项选择题

1~5:ABDDB　6~10:DADAB　11~15:CDACB　16~20:BCBAA

二、判断题

1~5:×√√××　6~10:√××√√　11~15:××××√　16~20:×√×√×

三、填空题

1. 族
2. 正反应
3. 2
4. 酸
5. I_2
6. NO
7. $2Al+2NaOH+2H_2O == 2NaAlO_2+3H_2\uparrow$
8. 聚合

9. —COOH

10. 0.585

四、问答题

1. NH_4^+ 的检验方法：加入 NaOH 并加热，若释放出的气体使湿润的红色石蕊试纸变蓝，则原物质中含有 NH_4^+。反应化学方程式为 $NH_4Cl + NaOH \xrightarrow{\triangle} NaCl + NH_3\uparrow + H_2O$

五、计算题

1. 2.24 L
2. 20 ml

模拟试卷二

一、单项选择题

1～5：ADDAD 6～10：DBDCB 11～15：DCCBD 16～20：BAACB

二、判断题

1～5：×××√√ 6～10：√√√√× 11～15：√√√×× 16～20：√×√××

三、填空题

1. $CH_4 + 2O_2 \xrightarrow{\text{点燃}} CO_2 + 2H_2O$

2. 2.24 L

3. 粉红

4. —COOH（羧基）

5. $BaCl_2 + H_2SO_4 =\!=\!= BaSO_4\downarrow + 2HCl$

6. <

7. (+8) 2 6   (+17) 2 8 7

8. $2Cl_2 + 2Ca(OH)_2 =\!=\!= Ca(ClO)_2 + CaCl_2 + 2H_2O$

9. $Al(OH)_3 + NaOH =\!=\!= NaAlO_2 + 2H_2O$

四、问答题

1. 不可以。因为金属钠与水反应剧烈，生成氢气并释放大量热量，可能会引发爆炸。

五、计算题

1. 3 mL
2. 0.5 mol/L

模拟试卷三

一、单项选择题

1～5：DBDBD 6～10：AACAA 11～15：ACCAB 16～20：AACAB

二、判断题

1~5：××××√×　6~10：××√×√　11~15：√×√√√　16~20：√√√×√

三、填空题

1. 0.3

2. 2

3. $CaCO_3 + 2H^+ =\!=\!= Ca^{2+} + H_2O + CO_2 \uparrow$

4. 碱

5. Cl_2

6. $FeCl_3$

7. 环状

8. 乙酸和乙醇

9. 5

10. 脱水性

四、问答题

1. 不可以。铝制容器不能盛放氢氧化钠溶液，因为铝能与强碱反应生成氢气并释放热量，可能会导致危险。相关化学方程式为：$2Al + 2NaOH + 6H_2O =\!=\!= 2Na[Al(OH)_4] + 3H_2\uparrow$

五、计算题

1. 2.24 L

2. 0.2 mol